中国地方政府债务的确认、计量和报告

陈均平 著

中国财政经济出版社

图书在版编目（CIP）数据

中国地方政府债务的确认、计量和报告/陈均平著．—北京：中国财政经济出版社，2010.6

ISBN 978-7-5095-2378-0

Ⅰ．①中…　Ⅱ．①陈…　Ⅲ．①地方财政-债务-风险-管理-研究-中国　Ⅳ．①F812.7

中国版本图书馆CIP数据核字（2010）第142420号

责任编辑：卢关平　　责任校对：陈　君
封面设计：孙俪铭　　版式设计：董生萍

中国财政经济出版社出版

URL：http：//www.cfeph.cn

E-mail：cfeph@cfeph.cn

社址：北京市海淀区阜成路甲28号　邮政编码：100142

发行处电话：88190406　财经书店电话：64033436

北京富生印刷厂印刷　各地新华书店经销

880×1230毫米　32开　10.25印张　173 000字

2010年6月第1版　2010年6月北京第1次印刷

定价：22.00元

ISBN 978-7-5095-2378-0/F·1918

（图书出现印装问题，本社负责调换）

本社质量投诉电话：010-88190744

本项研究得到中央财经大学
“211工程”三期资助

摘　要

改革开放30多年以来，中国经济和各项社会事业快速发展，工业化与城镇化进程的加快导致地方建设性融资需求快速增长，特别是2008年11月国家出台“大规模增加政府投资，实施总额4万亿元的两年投资计划”以来，为了与4万亿元巨额投资计划相配套，2009年地方政府通过“地方政府融资平台”迅速筹集大量资金，债务规模剧增，有些地区财政风险凸显。然而，地方政府举借的规模巨大的债务情况却没有被公开，被隐藏起来了。其主要原因在于：中国现行法律法规规定，地方政府不能直接向金融机构借款、不能直接发行地方政府债券，也不能对外提供担保；从地方政府角度看，地方政府不愿公开披露实际举债情况；中国现行政府会计制度不要求记录与披露这些债务情况。目前中国政府会计反映与报告的地方政府债务信息只是实际地方政府债务中的很小一部分。地方政府债务融资过大存在潜在风险已成不争的事实，加强地方政府债务管理，防范和化解财政风险，确保经济社会可持续、稳定而健康发展已成为当前中国经济工作的一件大事。温家宝总理2010年3月5日在第十一届全国人民代表大会第三次会议上所作的《政府工作报告》中指出："切实加强政府性债务管理，增强内外部约束力，有效防范和化解潜在财政风险。"而全面、可靠、及时的地方政府债务信息是有效进行地方政府债务管理的基础与前提，地方政府债务风险评价、风险防范与化解都必须以债务信息为基础。地方政府债务信息应该主要由政府会计来提供，而中国现行政府会计在地方政府债务的核算等方面存在诸多问题，不能为地方政府债务管理提供所需债务信息，从而制约了我国地方政府债务管理。由此可见，中国地方政府债务情况的严峻形势客观上要求尽快改革中国现行的政府会计，为地方政府债务管理提供所需会计信息已是当务之急。本书从探讨地方政府债务管理与政府会计的内在关系入手，分析中国地方政府债务产生的原因及特点，系统分析了中国现行政府会计存在的缺陷及其对地方政府债务管理产生的影响，在借鉴国际相关经验的基础上，探讨如何改革和完善中国政府会计，为实现地方政府债务管理目标提供所需的全面、可靠、及时的具有更高质量的地方政府债务信息。

本书的主要内容如下：

第一章导论。介绍了本书的研究背景，选题的理论与实践意义；对国内外学者关于地方政府债务存在及其管理以及相关政府会计问题的研究成果进行综述；介绍了本书的研究方法、研究思路及结构安排，并指出本书的创新之处。

第二章地方政府债务管理与政府会计理论。本章对地方政府债务管理与政府会计的基本理论进行阐述，并对两者的关系进行理论上的探讨与分析，为实践中改革政府会计中相关内容以适应地方政府债务管理需要提供理论支撑。地方政府债务管理要以政府会计提供的相关数据资料为基础和依据，政府会计管理的对象之一是地方政府债务，而且政府会计的主要目标之一是为政府债务管理服务，地方政府债务管理的发展要求政府会计进行相应的变革。

第三章中国地方政府债务管理现状。本章对中国地方政府债务的发展历程进行了追溯；系统地分析了中国地方政府债务的形成原因、管理过程中存在的问题，其中，重点分析了“地方政府融资平台”中地方政府债务产生的原因、功能与存在的风险；并指出中国现行政府会计是制约目前地方政府债务管理的重要因素。

第四章中国地方政府债务管理中的政府会计：现状及存在的问题。本章较全面地梳理了中国现行政府会计对地方政府债务的确认、计量和报告的历史与现状，系统地分析了现行政府会计在地方政府债务的确认、计量和报告方面存在的主要问题以及对地方政府债务管理产生的影响。

第五章国外地方政府债务管理与政府会计：经验借鉴与启示。本章对美国与法国的地方政府债务管理实践和政府会计中关于地方政府债务的确认、计量和报告情况进行了考察分析，同时还分析了《国际公共部门会计准则》关于政府债务的确认、计量和报告的情况，从中得出对中国相关改革的有益启示。

第六章中国政府会计改革的相关次序及目标。本章做了以下方面的探讨：从法律法规完善的角度研究如何使地方政府的举债行为阳光化，使政府会计能名正言顺地反映与核算相关内容；在此基础上探讨如何加强对地方政府直接举债行为的监管；根据地方政府债务管理的需要提出了中国政府会计改革的目标。

第七章中国政府会计改革的相关构想。中国政府会计中的地方政府债务的确认、计量和报告的改革构想是本书的研究重点与目的。本章对中国地方政府债务的确认、计量提出了具体的、较为详细的改革和完善方案，勾画出了地方政府债务报告体系总体框架，并设计出具体的操作方案。

加强地方政府债务管理、防范债务风险是中国当前经济工作中的最迫切、最重要的工作，如何适应地方政府债务管理的需要来探讨中国政府会计的改革是一个新的研究领域。综观全书，本书的创新之处主要体现在以下方面：

1. 从地方政府债务管理视角切入研究中国政府会计改革问题，从理论上探讨了政府会计与地方政府债务管理的内在关系。

2. 较为全面、系统地分析中国地方政府的各类债务产生或存在的原因、债务现状及其管理中存在的问题。

3. 首次较全面、系统地梳理了中国现行政府会计对地方政府债务的确认、计量和报告的历史与现状，深入分析了现行政府会计在地方政府债务的确认、计量和报告方面存在的主要问题及其成因，以及对地方政府债务管理产生的影响。其中，地方政府通过“地方政府融资平台”举借的债务的相关信息没有被现行政府会计记录和报告，本书对此问题进行了全面、深入的分析。

4. 从中国目前的实际情况出发，提出了中国政府会计改革的相关次序及目标。

5. 较全面、系统地提出了改革和完善中国政府会计中地方政府债务的确认、计量和报告的总体思路；设计了各类地方政府债务确认、计量的具体操作方案；勾画出了地方政府债务报告体系总体框架，并设计了具体的操作方案。这可为政府会计与债务管理的理论研究和实践提供参考。

关键词： 地方政府债务管理　地方政府债务信息　政府会计　地方政府债务核算　地方政府债务报告

Abstract

Since the 30 years of the reform and opening up, China's economic and social cause has been experiencing a rapid development, the accelerated industrialization and urbanization has leaded to a rapid growth of sub – national constructive financing needs. Especially, since the State promulgated the "massive increase in government investment, the implementation of total 4 trillion investment plan for two years" in November of 2008, in order to match the huge investment plan of 4 trillion, the sub – national governments raised the substantial funds so quickly through the "local government financing platform" that the debt proportion surged and the financial risks highlighted in some areas. However, the situation that sub – national government borrowed the debt in a large scale was not open but hidden. The main reasons are that: sub – national government can neither borrow from financial institutions and issue bonds directly nor offer guarantee externally according to Chinese laws and regulations; sub - national government does not want to publicly disclose the actual debt situation; Chinese current government accounting system does not require recording and disclosuring such debts. A small part of sub - national government debt is reflected and recorded in our government accounting at present. The fact that debt financing in sub - national government is too large and contains a potential risk has become indisputable. Strengthening sub - national debt management, preventing and resolving financial risks, ensuring economy and society sustainable, stable and healthy development has become a major event of economic work in China. On March 5th, 2010, at the third meeting of the Eleventh National People's Congress, Premier Wen pointed out "enhancing the governmental debt management, strengthening the internal and external binding and effectively preventing and resolving potential financial risks", which is taken from the Government Work Report. Comprehensive, reliable and timely sub - national government debt information is the effective foundation and prerequisite for sub - national debt management, which sub - national government debt risk assessment, prevention and resolution base on. Sub - national debt information should be provided mainly by government accounting. But there are many problems about local government debt accounting that can not provide the required information of sub - national government debt management and therefore restrict sub – national government debt management in China. This shows that the grim situation of our sub – national government debt objectively asks for reforming our current government accounting as soon as possible. Providing the necessary accounting information for sub – national government debt management is a top priority. This article starts from the inherent relationship between sub – national government debt management and government accounting, analyzes the reasons and characteristics of the Chinese sub – national government debt, systematically analyzes shortcomings of our government accounting and their impact on sub – national government debt management. On the basis of relevant international experience, this article probes how to reform and improve our government accounting in order to provide the comprehensive, reliable and timely sub – national government debt information with higher quality, which is needed for realizing sub – national government debt management objectives.

The main contents are as follows:

Chapter I is the introduction. This chapter describes the research background and the theoretical and practical significance of the topic, comprehensively discusses the research results from the overseas and domestic scholars on sub – national government debt management and the issues related to government accounting, describes the research methods, research ideas and structural arrangement, points out the innovations and shortcomings.

Chapter II is about sub – national government debt management and government accounting. This chapter explains the basic theory of sub – national government debt management and government accounting, discusses and analyzes the relationship between them, which offer the theoretical support for the reform of sub – national government debt management. Sub – national government debt management should base on the relevant data supplied by government accounting. One of government accounting objects is sub – national government debt. And a main objective of government accounting is to serve for government debt management. The development of sub – national government debt management requires government accounting to renovate accordingly.

Chapter III describes current situation of sub – national government debt management in China. This chapter traces the development process of Chinese sub – national government debt, systematically analyzes the causes of Chinese sub – national government debt and the existing problems in the management process. Among them, this chapter emphatically analyzes the causes, functions and risks of sub – national government debt on the sub – national government financing platform, and then points out that current government accounting is an important limiting factor in sub – national government debt management.

Chapter IV is about government accounting in Chinese sub – national government debt management. This chapter combs past and present situation about the recognition, measurement and reporting of sub – national government debt in current government accounting, and then systematically analyzes existing problems about recognition, measurement and reporting of sub – national government debt in current government accounting and the effect on sub – national government debt management.

Chapter V discusses sub – national government debt management and government accounting in foreign countries. This chapter not only reviews the recognition, measurement and reporting of sub – national government debt in sub – national government debt management practices and government accounting of the U. S. and France, but also analyzes the situation about International Public Sector Accounting Standards on recognition, measurement and reporting of government debt. On this basis, this chapter obtains the beneficial enlightenment for related reform in China.

Chapter VI analyzes relevant order and objectives in Chinese government accounting reform. This chapter makes the following discussions: First, this chapter, from the perspective of laws and regulations, studies how to put sub - national government borrowing behavior in the sun in order that the government accounting can justifiably reflect and measure related contents. Secondly, on this basis, this chapter explores ways of strengthening supervision of sub - national government's direct borrowing behavior. Finally, this chapter proposes objectives of government accounting reform according to the needs of sub - national government debt management.

Chapter VII states related ideas about Chinese government accounting reform. The reform concept about recognition, measurement and reporting of sub - national government debt in Chinese government accounting is the focus and purpose of this research. This chapter makes a specific, detailed reform and perfection program on the recognition and measurement of Chinese sub - national government debt, outlines the overall framework of sub - national government debt reporting system and designs specific action plans.

Strengthening sub - national government debt management and preventing debt risk is the most urgent, important work in Chinese current economic work. Probing government accounting reform to adapt to the needs of sub - national government debt management is a new research field.

Looking at the full text, innovations of this article are as follows:

1. Study Chinese government accounting from the perspective of sub – national government debt management, discuss inherent relationship between government accounting and Chinese sub – national government debt in theory.

2. Analyze the causes of creation or existence of various sub – national government debt, debt status and problems in the debt management more comprehensively and systematically.

3. Combine past and present situations about the recognition, measurement and reporting of sub – national government debt more comprehensively and systematically for the first time. Analyze major problems and causes of the recognition, measurement and reporting of sub – national government debt in Chinese current government accounting thoroughly, as well as the impact on sub – national government debt management. Among them, this research conducts a comprehensive, in – depth analysis of the problems that related information which sub – national government borrow debts through the "local government financing platform" is not recorded and reported in current government accounting.

4. Propose relevant orders and objectives of Chinese government accounting reform from the actual conditions in

China.

5. Present a general idea of reforming and improving the recognition, measurement and reporting of sub – national government debt in Chinese government accounting systematically and comprehensively; design specific operational programs of recognition and measurement of various sub – national government debts; outline a general framework of sub – national government debt report system and design the concrete operation schemes. These can provide references for the government accounting and debt management in theory and practice.

Key words: sub – national government debt management; sub – national government debt information; government accounting; sub – national government debt accounting; sub – national government debt report

目　录

第一章

导　论

第一节 问题的提出及选题的意义

改革开放30多年以来，中国经济和各项社会事业快速发展，工业化与城镇化进程的加快导致地方建设性融资需求快速增长，从而导致地方政府债务也快速增加。而中国当前的法律法规情况是，现行的《中华人民共和国预算法》（以下简称《预算法》）明确规定地方政府财政要收支平衡，不打赤字，除法律和国务院另有规定外，不得发行地方政府债券；现行的《中华人民共和国担保法》（以下简称《担保法》）明确规定国家行政机关不得对外提供担保，以避免一旦履行担保代偿义务而出现的行政经费亏空，影响行政职能的正常履行，财政部因此要求各级地方财政不得对外提供担保；现行的《贷款通则》也明确规定银行不得给国家政府机关发放贷款。但事实上，近年来，地方政府规避法律约束，隐性举债盛行，有些地区财政风险凸显。特别是2008年11月国家出台“大规模增加政府投资，实施总额4万亿元的两年投资计划”以来，为了与4万亿元巨额投资计划相配套，2009年地方政府通过“地方政府融资平台”迅速筹集大量资金，债务规模剧增。据《人民日报》报道，“据测算，目前我国地方融资平台负债已高达6万亿元，其中有80%是通过银行信贷获得的资金”[①]。一般认为，地方政府适度举债有利于推动当地经济的发展，提高地方政府公共服务水平和质量，改善公共福利。但是，如果地方政府债务规模过大，势必会给当地财政带来支付风险，进而影响国家财政状况，可能形成整体财政风险，甚至影响金融市场的稳定。2010年1月19日召开的国务院第四次全体会议上，温家宝总理曾在讲话中指出，要“尽快制定规范地方融资平台的措施，防范潜在财政风险”。温家宝总

① 李丽辉：“财经新指标三问”，《人民日报》2010年3月22日。

理2010年3月5日在第十一届全国人民代表大会（以下简称“人大”）第三次会议上所作的《政府工作报告》中指出：“继续实施积极的财政政策”，“切实加强政府性债务管理，增强内外部约束力，有效防范和化解潜在财政风险。”[1] 全国人民代表大会常务委员会委员长吴邦国2010年3月9日在第十一届全国人民代表大会第三次会议上所作的《全国人民代表大会常务委员会工作报告》中指出，人民代表大会常务委员会的专题调研组要“针对存在的一些项目前期工作不扎实、配套资金不够落实、地方债务风险、进展不平衡以及个别地方滥铺摊子等突出问题，通过座谈会、交换意见等方式，及时与地方政府和国务院有关部门沟通，并将形成的初步调研报告送国务院，推动有关方面研究改进工作、完善政策措施”[2]。2010年5月初由希腊政府债务危机引发了罢工、抗议示威和暴力活动，这也给我们提供了教训，中国地方政府债务风险管理也应当受到高度重视。由此可见，加强地方政府债务管理，防范和化解财政风险，确保经济社会稳定、可持续、健康发展是当前中国经济工作中的一件大事。

然而，现阶段地方政府举借的规模巨大的债务情况却没有被公开，被隐藏起来了。其主要原因在于：中国

① 温家宝：“政府工作报告——2010年3月5日在第十一届全国人民代表大会第三次会议上”，《人民日报》2010年3月16日。

② 吴邦国：“全国人民代表大会常务委员会工作报告——2010年3月9日在第十一届全国人民代表大会第三次会议上”，《人民日报》2010年3月18日。

现行法律法规规定，地方政府不能直接向金融机构借款、不能直接发行地方政府债券，也不能对外提供担保；从地方政府角度看，地方政府不愿公开披露实际举债情况；中国现行政府会计制度不要求记录与披露这些债务情况；加上其他原因使得中国地方政府债务的规模、种类、结构、期限等方面缺乏可靠、及时的信息。目前中国政府会计反映与报告的地方政府债务信息只是实际地方政府债务中的很小一部分。严格说来，中国目前还没有真正意义上的政府会计，只有预算会计，为了论述的方便，本书将中国现行的预算会计暂称为政府会计。而全面、可靠、及时的地方政府债务信息是有效进行地方政府债务管理的基础与前提，地方政府债务风险评价、风险防范与化解都必须以债务信息为基础。地方政府债务信息应该主要由政府会计来提供，而中国现行政府会计在地方政府债务的核算方面存在诸多问题，不能为地方政府债务管理提供所需债务信息，从而制约了中国地方政府债务管理。由此可见，中国地方政府债务情况的严峻形势客观上要求尽快改革中国现行的政府会计，为地方政府债务管理提供所需会计信息已是当务之急。因此，从地方政府债务管理需要的视角来探讨中国政府会计的改革，建立完善的政府会计制度无疑是具有非常重要的现实意义的。正如马克思在《政治经济学批判》序言中所说：“所以人类始终只提出自己能够解决的任务，因为只要仔细考察就可以发现，任务本身，只有在解决它的物质条件已经存在或者至少是在形成过程中的时候，才会产生。”① 改革开放已30多年，中国社会主义市场经济体制已基本确立，现在进行中国政府会计改革的“物质条件”是具备的。

本书从探讨地方政府债务管理与政府会计的内在关系入手，分析中国地方政府债务产生的原因及特点，系统分析中国现行政府会计存在的缺陷及其对地方政府债务管理产生的影响，在借鉴国际相关经验的基础上，探讨如何改革和完善中国政府会计，从而为实现地方政府债务管理目标提供所需的全面、可靠、及时的具有更高质量的地方政府债务信息。本项研究的意义主要有以下几方面：

1. 有利于建立完善的中国政府会计体系。中国目前还没有建立政府会计体系，实施的是预算会计体系，预算会计体系存在一些局限性，其中主要的局限性之一是预算会计没有对地方政府债务进行适当的确认、计量和报告。中国正在准备建立政府会计体系，其中负债是政府会计中重要的会计要素，而地方政府债务又是其中的重要内容。因此，地方政府债务的确认、计量和报告的合理处理，将有利于建立完善的中国政府会计体系。

2. 有利于提高地方政府债务管理水平，提高地方政府应对债务风险的能力。地方政府债务的确认、计量和报告，这本身就是地方政府债务管理的内容与基础。地方政府债务管理的目标之一是使融资成本最小化，而

① 《马克思恩格斯选集》第2卷，人民出版社1972年版，第83页。

融资成本取决于其信用评级，而政府债务信息的真实完整有助于其信用的客观评价；地方政府债务管理的另一重要目标是规避债务风险，避免支付风险，管理风险的常用方法是通过计算债务风险指标适时了解风险状况，及时采取应对措施。而债务风险指标的计算，客观上需要政府会计提供相关的债务规模、结构等信息。

3. 可以提高财政信息透明度。国际货币基金组织（IMF）2001 年 2 月发布了《财政透明度手册》，根据《财政透明度手册》的要求，政府资产负债表应反映政府的全部负债。政府会计提供的地方政府债务信息可以满足《财政透明度手册》列举的对地方政府全部负债的要求。提高财政信息透明度还是市场经济的要求，是“阳光财政”、“透明财政”的具体体现。

4. 有利于银行加强相关风险管理。现实经济生活中，中国地方政府债务主要来源于银行的贷款。由于现行《预算法》对地方政府举债作了限制，但地方政府为了绕过法律约束，往往采取了种种规避的做法，如通过下属公司或者成立相关项目公司举债。然而现有地方政府债务信息透明度不高，现在明显的事实是，商业银行难以全面、准确、及时地掌握地方政府的融资总量、负债规模、期限结构、可持续财税收入等情况，如此银行就不可能准确评估地方政府的真实财务状况，也无法较准确地预测地方政府的还款能力，也就不利于对其加强风险管理。然而完善的政府会计提供的地方政府债务信息透明度高，这将有助于银行加强相关风险管理，有助于中国整个金融系统的健康运行。

第二节 文献综述

一、国外文献综述

（一）政府债务理论

对于政府是否应该举债，以及举债是否会伴随债务风险等问题一直是经济学理论争论的重要问题。在西方经济理论界，政府债务理论大致经历了公债有害论、公债有益论和公债负担论这一演进过程。

1. 公债有害论。著名经济学家亚当·斯密（1723~1790）是公债有害论的代表人物，他极力反对政府举债。亚当·斯密（1776）在《国民财富的性质和原因的研究》这一名著的最后一章专门论述了政府债务问题。亚当·斯密反对政府举债的原因主要有：(1) 政府举债鼓励当权者奢侈，助长战争。政府通过发行公债让当权者感觉政府筹资容易，不会促使当权者平时节俭，从而鼓励其奢侈，亚当·斯密认为："就一般而论，政府在借入那资本的当年，就把它消耗掉了、浪费了，无望其将来能再生产什么。”① 当国家遇到战争，急速获得充裕战争经费的唯一有效的方法就是举借公债，因此，公债助长了战争。（2）公债是非生产性的，不利于国民经济发展。亚当·斯密认为：“当国家费用由举债开支时，该国既有资本的一部分，必逐年受到破坏；从来用以维持生产性劳动的若干部分年生产物，必会被用来维持非生产性劳动。”② 亚当·斯密还对公债和税收收入这两种财政收入形式在国民经济中所起作用进行了比较，他认为：“只在战争继续的期间内，举债制度才优于其他制度。”“在战争继续期中，人民因困于战争的负担，不久便会对战争发生厌倦；政府为要迎合人民的意向，必会适可而止，不敢故事延长。”③ 因此，长期来看，亚当·斯密认为税收收入制度比公债制度好。亚当·斯密从工业资本家的角度指出，政府举债将产业资本转用于非生产用途，则减少现在资本，妨碍再生产正常进行。（3）政府债务会加重国家和人们的负担。通过提高税率来还本付息会增加人们的负担，提高税率又会造成效率损失和对投资产生抑制效应。

亚当·斯密关于政府债务的理论对我国的政府债务

① 亚当·斯密：《国民财富的性质和原因的研究》下卷，商务印书馆 1983 年版，第 488 页。

② 亚当·斯密：《国民财富的性质和原因的研究》下卷，商务印书馆 1983 年版，第 489 页。

③ 亚当·斯密：《国民财富的性质和原因的研究》下卷，商务印书馆 1983 年版，第 490 页。

管理仍有指导意义，我国发行国债不应该用于消费性支出，应用于资本性支出，这也是我国目前发行国债的基本原则之一；政府借债行为应该讲求使用效率，应对政府举债行为进行绩效评价等。

公债有害论的另一代表人物是大卫·李嘉图（1772～1823），李嘉图认为公债的非生产性用途没有对国民经济的发展产生有利影响，反而还给政府带来了偿还债务的风险。李嘉图还认为，国家减轻债务负担最有效的办法，是尽量节约财政支出，争取有财政结余，并用财政结余去清偿债务。李嘉图指出："如果偿债基金不是从公共收入超过公共支出的部分中取得的，就不能有效地达到减轻债务的目的。"①

2. 公债有益论。公债有益论的代表人物是约翰·梅纳德·凯恩斯。1929年至1933年，发生了世界性的经济危机，这引起了人们对此前的经济理论——国家不干预经济的思考，凯恩斯主义应运而生。凯恩斯为国家全面干预社会经济生活提出了不同于以前传统理论的系列政策主张和理论，其中非常重要的内容是政府利用财政赤字、公债等直接干预经济，以实现社会总供给与总需求的平衡，克服经济的周期波动。凯恩斯指出："我们用'举债支出'一名词，包括政府用举债方式来兴办的投资事业，以及其他用举债方式来维持的经常支

---

① 大卫·李嘉图：《政治经济学及赋税原理》，商务印书馆1976年版，第211页。

出”，“不论举债目的是为兴办资本事业，或为弥补预算不足。前者增加投资，后者增加消费倾向。”[①] 凯恩斯认为社会经济衰退的原因是由于有效需求不足，克服有效需求不足就需要政府增加支出，可通过赤字预算增加财政支出；而增加财政支出中形成的赤字，主张通过政府借债来解决。在这一理论影响下，世界上一些国家公债规模不断扩大。随着社会经济发展进程的演进，凯恩斯主义的继承者们对其公债理论作了进一步的修正补充。总的说来，凯恩斯主义赞成政府举债，并认为举债是有益于国民经济发展的，具体概括为以下方面：（1）政府债务有益于社会。凯恩斯主义认为政府借债扩大政府支出，可扩大就业人数，使经济繁荣，从而造福于社会。萨缪尔逊教授就明确主张通过政府举债来发展经济。（2）政府债务的增加可带来政府资产的增加。政府举债虽使政府有了债务，但政府用债务收入和其他收入添置了资产。这些资产包括现金、待收税款、公路、铁路、电厂、公用建筑物等。（3）公债不会增加下一代的负担。凯恩斯主义的继承者认为，内债只从物质内容上看是把资源从一种用途转到另一种用途，本期资源用途的改变不会对下一代产生影响。（4）政府债务是将通过借款建设的项目的总支出公平分摊的工具。比如基础设施需要投资巨大，使用期限也很长，这些项目的支出也应该由这些项目的受益人来分期承担。当期

① 凯恩斯：《就业、利息和货币通论》，商务印书馆 1981 年版，第 109 页。

的财政收入不能满足项目投资的需要，政府通过借债的方式来筹集资金，其还本付息应由受益人（纳税人）分期承担。

3. 公债负担论。公债负担论的主要代表人物是詹姆斯·M. 布坎南和佛朗哥·莫迪利亚尼等，他们对公债有益还是无益没有做出简单判断，认为对公债的效应情况应进行具体分析；他们认为公债的实际负担转移给了后代，反对公债有益论的“非负担”理论。詹姆斯·M. 布坎南（1958）在《公债的公共原则》一书中指出，公债的负担并不是由现代人的“牺牲”所负担的，而是转移给了后代。公债负担论的观点可以概括如下：（1）公债的实际负担转移给了后代。政府债务的还本付息支出，由那些为债务还本付息支付税款的未来一代承担。（2）公债既有利也有弊，公债原则上应用于生产性支出。公债在一定条件下具有合理性，其合理性取决于支出的预期生产力和预期收益。举债应当被限制用于预期可以产生长期利益的公共工程，即只适用于资本项目举债，不能用于非生产性的消费性支出。（3）公债与私债本质上基本相同。举债都是取得了本期额外的购买力却不发生额外的本期成本，支出的成本被转移到未来，在未来时期内，债权人拥有获取政府或个人收入的要求权。（4）内债和外债基本属性是相同的。

进入20世纪80年代，赤字财政政策受到了更多抨击，社会上流行的主要观点有：公债形成的国家投资可消除短期的萧条，但政府投资相对效率不高，影响社会经济的持续增长潜力；公债使公共投资增加，从而易引发垄断，不利于通过自由竞争达到经济高效增长的目的；但在公债作为重要宏观调控手段这一点上大家看法一致。

上述关于公债理论的不同观点都是在特殊的时代背景下产生的，也就是说公债经济效应的分析要切合具体社会环境、条件等。

（二）地方政府债务及其风险管理

关于地方政府举债，国外学者一般认为有其合理性，同时要加强债务风险管理。美国著名学者大卫·N. 海曼认为地方政府为其基础设施的建设举借长期债务有其合理性。大卫·N. 海曼指出，地方政府为其基础设施的建设举借长期债务，地方政府的这些资本项目的支出意味着基础设施（道路、公立学校和其他建筑）的兴建，而这些公共设施将为当地的居民提供公共服务，举债方式用项目成本跨时分摊的办法使从资本项目中获益的居民来分期承担此项目的成本，这是合理的。对中国财税问题有非常深入持久研究的海外经济学家黄佩华曾建议中国“应允许地方政府举债，并使之承担责任”[①]。黄佩华认为，地方政府负责为支持公共服务供应的基础设施投资融资，对提高经济增长具有重要作

① 黄佩华（Christine P. W. Wong）、迪帕克（Deepak Bhattasli）等著，吴素萍、王桂娟等译：《中国：国家发展与地方财政》，中信出版社 2003 年版，第 11 页。

用，并符合效率因素，则负责提供公共服务的中央政府就应当在决策时考虑对它们进行必要的投资；鉴于地方供应公共基础设施的资金需求量大，而中央财政的财力支持有限，允许地方举债是有效率的，其前提条件是：在地方政府举债之前，要建立适当的监管和申报制度。

关于政府债务的构成及分类与财政风险关系的研究，世界银行高级经济学家 Hana Polackova Brixi 博士较早地进行了探索。她在 1998 年发表的世界银行研究工作论文“政府或有负债：影响财政稳定的潜在风险”（Contingent Government Liabilities：A Hidden Risk for Fiscal Stability）中，创建了财政风险矩阵，并将政府债务按照直接与或有、显性与隐性这两个标准分为：直接显性债务、直接隐性债务、或有显性债务和或有隐性债务四大类，并比较系统地阐述了政府或有显性债务和或有隐性债务对财政稳定性产生的风险。

在 Hana Polackova Brixi 博士关于政府债务分类和债务风险研究的基础上，国外其他学者做了进一步的研究。世界银行专家 William Easterly 和 David Yuravlivker（2003）在“建立政府资产负债表：对哥伦比亚和委内瑞拉政府的案例分析”一文中阐述了运用资产负债表来评估政府财政状况及风险情况。他们认为运用资产负债表来分析财政的可持续性（债务风险）有两种方法：第一种方法是预测资产负债表中的资产减去负债后的差额，根据差额为正值还是负值来评估财政的可持续性。差额为正值，该政府的财政可持续；若为负值，政府必须采取增收减支措施，才可保持该政府的财政可持续性。第二种方法是从流量角度评估政府财政的可持续性。财政可持续性的标准定义为：保持政府资产与负债的差额占国内生产总值的比率为某一常数。其原理：如果某国政府资产与负债的差额占国内生产总值的比率为某一常数时，该政府财政当前没有发生支付危机，则在该政府资产与负债的差额与国内生产总值同比例放大的情况下也不会发生危机，即保持政府资产与负债的差额占国内生产总值的比率不变就可避免在将来发生支付危机；如果该政府当前发生了支付危机，则为保持其财政可持续性，则需要提高政府资产与负债的差额占国内生产总值的比率。William Easterly 和 David Yuravlivker 运用资产负债法评估哥伦比亚和委内瑞拉政府的财政可持续性后，得出结论：运用资产负债法来评估政府财政的可持续性时，如果不考虑或有负债和隐性公共负债的存在和变动，则会存在局限性。

关于地方政府债务管理问题的研究已引起国际上许多经济学家的关注。在许多国家，大部分公共服务由地方政府提供，这使地方政府的财政状况在很大程度上决定了整个国家的财政状况，地方政府债务风险管理也就自然引起了各国政府部门与学者们的关注与重视。世界银行高级经济学家马骏认为中央政府应加强监控地方政府负债及总体财务状况，要重视或有负债。马骏（2003）指出：“在许多国家，虽然地方政府不得向银行借款或发行公债，但如果地方金融机构倒闭、地方政府对担保违约、拖欠工资、养老金、下岗费和失业保险金从而导致社会压力，中央政府便很可能会被迫介入。这种机制实际上意味着中央政府对地方政府负债的隐性担保。这种隐性担保带来了一个‘道德灾害’问题，即地方政府（或地方政府通过某些地方政府所属企业）热衷于各种形式集资、提供担保（以扩大投资），因为这样做的短期利益由地方获得，而未来的成本很可能由中央政府承担。”[①] 在这种情况下，中央政府需要了解地方政府的真实债务情况、偿还能力以及未来的具体支出时间表等，加强监控地方政府负债及总体财务状况，以防止地方政府违约。马骏提出，要建立一套预警体系以监控和评估地方政府负债（包括直接负债和或有负债）和地方政府的总体风险；并指出要选择适当的风险预警指标，可以选择“偿债负担、赤字、债务水平、流动性比例（如现金余额占支出的比重）及对这些指标的中期预测，作为衡量地方政府偿债风险和流动性风险常用指标”[②]。

（三）政府会计理论

会计基础的实践情况。从历史上看，收付实现制是各国政府会计的传统基础，由于现金有易于跟踪和监督

① Hana Polackova Brixi 、马骏主编，梅鸿译/校，《财政风险管理：新理念与国际经验》，中国财政经济出版社 2003 年版，第 240 页。

② Hana Polackova Brixi 、马骏主编，梅鸿译/校，《财政风险管理：新理念与国际经验》，中国财政经济出版社 2003 年版，第 259 页。

的特点，符合公立单位强调控制和确保不超支的传统做法。但收付实现制存在明显的缺陷，如不能如实地反映报告主体的真实负债情况和财务风险，不能完整地核算政府或公立单位的服务成本，也难以提供评价政府绩效的相关信息；还可能为财政机会主义者提供更大的运作空间，收付实现制这一核算基础要求费用与负债的核算只有在实际发生现金收支时才进行，责任发生时只要没有支付现金就不需核算，这使反映的负债情况不完整，可能会使财政机会主义者过度负债。在权责发生制下，“确认”在费用与负债发生时，通常会早于现金的流出和流入，更接近于经济结果，更能全面、及时地反映会计主体的债务情况。因此，20 世纪 90 年代以来很多国家的政府会计开始从收付实现制基础转向权责发生制，国际上公共部门采用权责发生制已是一个趋势。国际会计师联合会（International Federation of Accountants，简称 IFAC）已经精心制定出台了公共部门的权责发生制会计准则。截至 2009 年，经济合作与发展组织（OECD，以下简称“经合组织”）的 30 个国家中，有超过 50% 的国家不同程度地应用了权责发生制这一会计基础，政府会计中采用权责发生制这一会计基础的代表国家有新西兰、澳大利亚、英国、美国、加拿大、芬兰、冰岛和意大利等国家。

国际会计师联合会（IFAC）的相关情况。国际会计师联合会于 1986 年设立了公共部门委员会（Public Sector Committee，简称 PSC），该委员会从 1996 年起制定《国际公共部门会计准则》(International Public Sector Accounting Standards，简称 IPSAS)，为公共部门会计和报告提供全球公认的准则指引，以提高公共部门会计和报告的质量和可比性。《国际公共部门会计准则》中与政府债务相关的准则主要是《国际公共部门会计准则第 1 号——财务报告的列报》(以下简称“准则第 1 号”) 和《国际公共部门会计准则第 19 号——准备、或有负债或有资产》(以下简称“准则第 19 号”)。“准则第 1 号”对政府债务定义为：政府债务是指政府由于过去事项而引起的现时义务，该义务的履行预期会导致政府资源流出，这种流出形式可体现为经济利益和服务。“准则第 19 号”对预计负债、或有负债和或有资产的含义和内容做了规定，并对预计负债的确认、计量和披露作了具体规范；还要求在会计报表附注中适当披露或有负债、或有资产的情况；该准则还对或有负债的披露作了具体说明：报告主体应在资产负债表日简单披露每类或有负债的性质，在可行的情况下要披露或有负债对财务影响的估计、与流出的金额或时间有关的不确定性的说明及补偿的可能性；清偿义务时经济利益流出的可能性极小的情况下可不披露。

国际货币基金组织 (International Monetary Fund，简称 IMF) 的相关情况。国际货币基金组织致力于在全球范围内推动各国建立良好财政管理体制的工作，以推动各国加强公共财政管理，提高财政透明度。该组织 (2001) 曾公布了修订的《财政透明度良好做法守则》

和《财政透明度手册》，《财政透明度手册》是《财政透明度良好做法守则》的解释性文件。《财政透明度手册》要求政府资产负债表应反映政府的全面负债情况，要求报告政府的全部债务、债务规模及比较信息，并披露债务的计量方法；还要求没有确认的负债在备忘项目中反映；要求在年度预算中，说明重大财政风险以及其影响因素，包括或有负债情况，这可能包括担保、赔偿保证等事项。《财政透明度手册》还提倡预算会计和政府会计的“会计处理和报告应当以权责发生制为基础”，还要求审计机构应及时向立法机关和公众披露关于政府财务真实性的报告。

国际货币基金组织 2001 年出台了修订的政府财政统计体系——《2001 政府财政统计手册》。该手册要求采用权责发生制基础来提供政府财政统计信息，要求提供 4 张财务报表，即资产负债表、政府运营表、其他经济流量表和现金流量表，以综合反映政府部门或者公共部门的财务状况、资源流量与存量等情况，对于资产、负债、净资产等存量在许多情况下采用当期市场价格计量等等。

美国政府会计有关政府债务会计方面的情况。美国的联邦政府会计准则咨询委员会（Federal Accounting Standards Advisory Board，简称 FASAB）为联邦政府制定公认会计准则；政府会计准则委员会（Governmental Accounting Standards Board，简称 GASB）制定和完善州和地方政府政府会计准则和财务报告。

20 世纪 90 年代开始，美国联邦政府财务报告的编制基础就采用了权责发生制，美国联邦政府 FASAB 第 1 号概念公告“联邦财务报告目标”，在权责发生制基础上针对特定资产与负债的会计核算进行了规范。在美国，以权责发生制为基础的财务报表已能够比以收付实现制为基础的年度预算更好地反映政府财务状况和风险状况。FASAB 关于联邦政府负债的主要准则是 FASAB 第 5 号准则“联邦政府负债的会计处理”（1995 年发布），该准则要求对交易和事件引起的负债加以确认；当损失发生的可能性大于不发生的可能性时要求确认或有负债。

美国州和地方政府将其预算分为运营性预算和资本预算两部分。美国法律要求州和地方政府实行平衡预算，这通常是指运营性预算；允许资本预算主要通过借债和补助进行融资。政府会计准则委员会因此对运营性债务和资本性债务做了区分。政府会计准则委员会和联邦政府会计准则咨询委员会使用相似的标准来确认某些义务为负债，负债的确认标准包括：过去交易或事件的产生；会导致未来现金流出或提供服务；不可避免并有一定的数额。政府会计准则委员要求确认的负债在资产负债表中反映，并按政务活动和商务活动分别报告，同时按应付凭单、应计负债、递延收入、其他负债、长期负债等项目分别反映；并要求对长期债务的情况在财务报表注释中做进一步的说明。

（四）政府债务管理与政府会计

Hana Polackova Brixi 博士（1998）指出，通过政府

会计可提高财政信息透明度，这可以为管理者进行政府财政决策提供重要信息；以收付实现制为基础的政府会计会使政府应承担的已发生而未支付的支出责任不反映在政府财务报表上，可能导致财政风险的逐步累积。

马骏（2003）指出，政府会计提供的地方政府债务信息是管理者对地方政府债务进行有效管理的重要前提，“一个健全的地方财政报告制度是预警系统有效运作的前提 。这是因为，任何有用的风险指标都必须基于可靠的和有足够覆盖面的财政数据。”①

总的说来，国外学者们和国际组织对政府债务存在的原因进行了研究，分析了公债的经济效应，公认对政府债务需要进行有效管理，以做到适度负债并防范风险；对政府债务要进行适当的确认、计量和报告，为政府债务管理提供所需信息。应当特别关注的是，对或有负债的确认、计量方面依然存在较大难度，还有待深入探讨。

二、国内文献综述

（一）政府债务与财政风险管理

政府债务问题一直是中国学术界关注的重点。中国著名财政学家、中国社会科学院何振一研究员（2005）

① Hana Polackova Brixi 、马骏主编，梅鸿译/校：《财政风险管理：新理念与国际经验》，中国财政经济出版社 2003 年版，第 260 页。

在《理论财政学》一书中对“公债”有深刻的论述，“在实践中公债有内债也有外债，有中央政府的借债，也有地方政府的借债。在西方经济学中，把中央政府的举债称之为国债，而把地方政府的借债称为公债。在我国由于迄今为止，都不允许地方政府借债，加之我国是单一制国家，故在理论界常常把公债与国债视同一个范畴的不同表述，公债即国债。”“公债作为政府筹措财政资金的一种方式，它首先表现为取得财政收入，因此不少财政学著作，都把公债归类于财政收入范畴之中，然而，公债在取得收入的同时，也就形成了政府的债务，政府举债所取得的收入，并不是具有所有权意义上的收入，只是一定时期内资金的使用权，并没有取得资金的所有权，到时不仅要支付利息还要归还本金给债权人。故从性质上说，公债乃是政府与社会成员之间的一种资金融通活动。从公债活动的完整过程来看，在政府取得收入同时也就形成了政府一笔预期的支出。公债这一特性决定了公债并不单纯是财政收入范畴，它同时也是财政支出范畴，就是说公债是财政收支实现的一个综合形式。”[①] 关于公债起源与发展，何振一研究员指出：“公债最初乃是财政收支矛盾，收入满足不了支出需要的产物，它萌芽于古代，长足发展于现代，这已是多数人的共识。”“在东西方政府借债的历史虽然久远，但在财政

① 何振一：《理论财政学》，中国财政经济出版社 2005 年版，第 224、225 页。

分配中占有主要位置，乃是20世纪30年代之后的事。凯恩斯主义在西方广泛传播，各国宏观经济管理普遍采用凯恩斯主义之后，公债才得到了长足发展。”[①] 据统计，美国从1916年至1988年间，国债规模增长了2 000倍，国债总额占GDP的比重，从3%提高到43%；英国从1913年至1985年间，国债规模增长了1 600倍，占GDP的比重，从2.5%提高到46.7%[②]。关于公债功能的理论分析，“公债到底有几项功能，至今人们的认识存在着差异。综前分析，我们认为公债范畴的功能，即其职能，只能是两个，即一个根本功能，一个派生功能。根本功能是反映公债本质的，即为国家财政融通资金的功能，这一功能是公债事物主要矛盾所决定，它是贯穿于公债事物发生发展过程始终。派生功能是根本功能引发的，作用于经济社会的功能。公债作为政府与社会经济主体之间的一种资金融通活动，无论是公债的举借还是使用，都是不可避免的，要对社会经济活动产生这样那样的影响，这种影响可能是正面的，也可能是负面的，这决定于举债时的客观条件，也决定于公债的使用目的和方向。”[③] 关于公债功过的评价，“对公债利弊之评价，大体可归结为三类观点，即公债有害论、

---

① 何振一：《理论财政学》，中国财政经济出版社2005年版，，第225、226页。

② 姜维壮：《中国当代财政学》，中国财政经济出版社1999年版，第213页。

③ 何振一：《理论财政学》，中国财政经济出版社2005年版，第226、227页。

公债无害论和公债利弊相兼论。”“看来可以预见在未来时期，公债利弊兼有论将是公债理论发展的基本趋势。因为市场经济替代自然经济之后，的确为国家利用公债调节经济提供了可行性。”“政府举债对经济社会发展是利或是弊，都是有条件的，人们只有依其具体条件进行具体分析，方能得出正确的结论，才能利于正确的指导实践。”①

赵志耘研究员（1997）指出，公债管理政策的目标必须符合财政政策目标的要求，财政政策目标包括经济稳定目标、经济发展目标和公平收入分配这三大目标，这三类目标也是公债管理的目标。

从 20 世纪 90 年代末以来，财政风险问题一直是中国学术界和实际部门关注的重点，尤其是中国从 1998 年以来一直实行以发行国债为主的扩张性财政政策，伴随国债规模的激增和财政风险的增加，许多学者对政府债务及财政风险进行了积极的探讨。王美涵教授（1999）在其主编的《中国财政风险实证研究》一书中对财政风险做了较为全面的分析研究，该书关于财政风险的观点为：“财政风险是一种政府性的经济风险，是随着市场经济不断发育而逐步显现的一种风险，因而是市场经济性风险。这一结论是以公共财政为依据得出的。……经济风险和财政风险是随着市场经济的不断发

---

① 何振一：《理论财政学》，中国财政经济出版社 2005 年版，第 228、229、231 页。

育而逐步显现的，是市场经济的必然现象。”① 刘尚希研究员对财政风险进行了较为深入的探讨，刘尚希（1997）提出，财政风险是社会风险的最终承担者。刘尚希（2004）还指出：“在既定的制度框架内，财政风险不能被转移，也不能被分散。”② 这种风险的性质决定了财政风险的管理不能采取类似企业风险管理的办法，只能从制度变迁方面去寻求管理措施。刘尚希进一步指出，充分考虑政府的显性直接负债、隐性直接负债、显性或有负债和隐性或有负债，同时考虑政府拥有的各类资源，是比较准确地评估财政风险的前提。

何振一研究员、刘尚希研究员等专家的上述理论论述无疑是本书立足的主要基础理论之一。

（二）地方政府债务及财政风险管理

对于地方政府债务管理问题的广泛深入探讨发生在2001年后，第九届全国人民代表大会第五次会议在关于2001年决算和2002年预算的决议中提出了“注意防范财政风险”问题。贾康研究员（2004）在《地方财政问题研究》一书中指出：从经济关系本身来说，地方政府作为一级政权，就有一级财权，也应该有举债权；只是因中国市场发育不成熟，需要附加一些附加条

① 王美涵主编：《中国财政风险实证研究》，中国财政经济出版社1999年版，第15页。

② 刘尚希：《财政风险及其防范问题研究》，经济科学出版社2004年版，第25页。

件才能使地方政府拥有举债权。

关于中国地方政府负债的原因，多数学者将主要原因归结为以下四个方面：（1）1994 年分税制改革后，各级政府间财政收入和支出责任的划分不对称，导致地方政府财力偏紧；（2）城镇化进程加快导致地方基础设施项目所需资金增加，以及地方政府的一些政绩工程的投资；（3）地方政府机构膨胀，冗员过多；（4）市场竞争激烈导致地方企业效益不好，地方政府收入减少。在分税制下，中国由于事权界定的不完善，中央与地方政府之间事权划分不明确，双方会采取一些机会主义行为来实现自己利益的最大化。由于实际经济生活中基层政府事权多而财权不足，张永生认为就会产生这样的结果：第一，基层政府提供的公共服务不足。由于基层政府支出责任普通大于财政能力（转移支付后），导致其不能向当地居民提供足够、满意的公共服务。第二，变相举债。基层政府为了减轻经费压力，追求经济高增长和政绩工程等，往往以各种形式举债来满足其所需资金[①]。

关于地方政府债务风险及其管理问题。中国现实经济生活中，地方许多方面的债务风险最后都会转移给地方政府，使地方政府债务风险增大。刘尚希（2004）指出，国有企业的亏损或破产，最后的债务清偿总是转

① 张永生：“政府间事权与财权如何划分?”，《经济社会体制比较》2008 年第 2 期。

移到各级政府身上；政府各部门的融资、担保、债务清偿的责任，最后也总是由政府财政部门来承担；本届政府因举债而面临的债务风险可以转移给未来的政府等等；这种“债务风险大锅饭”会导致地方政府风险快速积聚和集中，增加地方政府债务风险管理的难度。

对于防范和化解中国扩张性地方财政风险，沈玉平（2004）认为，根本出路在于建立地方公共财政模式下的地方公共选择机制，地方政府的财政收支接受地方公共意志的控制，公共选择的结果能通过地方政府财政收支来反映，以真正充分体现公共意志。他提出，要重点加强地方政府债务管理，应该从预算法开始进行适应新形势的改革调整，应允许地方政府适度举债，同时要制定相应的地方债务管理办法，比如规定地方政府的举债程序、债务总规模以及偿还办法等等。沈玉平还认为，这种地方政府债务管理制度可以将地方政府债务纳入规范、有序的管理体系，因而可以有助于减轻地方政府的财政风险。

刘星和刘谊（2006）对地方财政风险的内涵及其形成机理进行了探讨，他们认为地方政府财政风险可具体表现为地方政府债务风险、地方政府收支风险和地方政府承担的公共风险；地方债务风险主要表现为债务规模风险、债务结构风险和债务效益风险。刘星和刘谊还认为，地方政府财政风险的形成主要是由于地方政府举债行为所致，地方政府举债一方面具有合理性，另一方面又具有随意性以及过度举债的可能性；适度举债是有益的，只要采取一定的制度限制地方政府举债中的盲目性和随意性，地方政府债务的风险是可以控制的。

时红秀（2007）对中国近年来地方政府债务形成的原因进行了分析，认为中国特定阶段的国有银行体制为地方政府举债提供了软约束的资金来源；还指出"用钱者"对"出钱者"负责制度是一个社会得以繁荣的前提；在政府的各种机会主义行为受到有效约束之前，不应当允许地方政府举债。

（三）中国政府会计理论与实践

中国目前还没有建立政府会计体系，实行的是预算会计体系，预算会计是政府会计的重要内容。

1. 关于中国当前所面临的特殊会计环境问题。关于"我国当前所面临的特殊会计环境问题"，冯淑萍教授（2004）指出："由于我国的市场经济环境离成熟、完善的市场经济环境还有一定距离，所以，我国当前的会计环境还面临一些特殊问题。这些问题有些可能是中国所特有的，有些可能是一些发展中国家或者转型国家所共有的。但这些问题的存在，却使得我们在处理某些交易或者事项时，在是否直接采用国际财务报告准则及其相关原则上，处于两难境地。""目前中国的商品市场应当说已经较为成熟了，但是货币市场、外汇市场和资本市场还没有完全放开，我国还未完全实行浮动利率机制，资本项目下的外汇交易还不可自由兑换，外汇汇率机制也没有采用浮动汇率制，这也就是说，中国的货币价格和外汇价格——利率与汇率还没有完全市场化。但是，中国现行的汇率形成机制是我国转型经济发展阶段的客观必然，而且与近年来的经济环境基本上是适应的。但从会计核算的角度，则会有不同影响。众所周知，利率与汇率是决定资产和负债价值（尤其是公允价值）的重要依据，所以在利率与汇率没有完全放开的情况下，要决定一些资产和负债的真实价值或者公允价值存在一定困难，这些困难在那些利率与汇率完全市场化的国家可能并不存在，但是在中国目前的发展阶段，则是客观存在的，这也是我们在应用公允价值计量基础上一直采取谨慎的态度的一个重要原因。”“中国适应市场经济发展需要的社会保障体制建设刚刚起步不久，保险精算师队伍也刚刚开始建设，所以，采用精算技术计量保险合同和养老金相关的资产和负债还需假以时日。”“从长远来看，中国会计准则的未来发展方向将是努力实现与国际财务报告准则的趋同。”然而，“会计准则的制定及其与国际财务报告准则的协调与趋同是与会计环境休戚相关的，当会计环境相对成熟了或者对会计信息形成需求了，制定会计准则、促进我国会计准则与国际财务报告准则的协调与趋同也就水到渠成，天然而成。”① 正是由于由计划经济转向市场经济，会计环境发生了根本性变化才需要由过去的预算会计向

① 冯淑萍：“中国对于国际会计协调的基本态度与所面临的问题”，《会计研究》2004年第1期。

政府会计过渡。试想，在计划经济时代，短缺经济条件下，社会上产品到处供不应求，财政也没有可利用的社会闲置资金，财政政策上实行既无内债又无外债的政策，是不可能产生现在这样的财政债务问题的。

对于政府会计与中国市场经济环境之间的关系，刘玉廷（2004）指出："我国经过 20 多年的改革开放，市场经济环境已经发生了巨大变化，尤其是政府职能的转换、公共财政体制的确立、政府收支分类科目的变化、政府绩效评价制度的建设以及政府监督的加强等，对反映政府活动的政府会计信息提出了更高要求，从而需要与日俱增，积极推进政府会计改革。"[①]

李建发教授等（2004）认为，政府财务报告作为公共财务管理的一种技术，不仅要受政府会计发展的制约，更重要的是受公共管理思想和相关法规制度的影响，即政府财务报告要受相关法规制度等环境的影响。

冯淑萍教授等专家的上述关于会计要适应中国经济社会环境的理论论述无疑是本书的重要基础理论之一。

2. 会计基础。政府债务采用收付实现制会计基础核算存在局限性。项怀诚和楼继伟（2003）在《中国政府预算改革五年 1998～2003》一书的第五章未来预算改革展望第二节中指出，在收付实现制会计基础下，由于财政支出只包括以现金实际支付的部分，那些当期

---

① 刘玉廷："我国政府会计改革的若干问题"，《预算管理与会计》2004 年第 10 期。

虽已发生而尚未用现金支付的政府债务不核算，使政府的这部分债务成为“隐性债务”，从而不能全面准确地记录和反映政府的负债情况，就不利于防范财政风险。

陆建桥（2004）也认为：“按照现行预算会计制度的规定，负债的核算内容很不完整，许多已经发生的、但需要在以后期间支付的现时义务并没有确认为负债。”①

对于政府债务核算引入权责发生制这一会计基础的必要性及范围，楼继伟（2003）指出，根据中国的现实条件，权责发生制这一会计基础应采用渐进式的改革，可先考虑对那些内容比较明确，短期、中期对预算安排影响较大的政府债务采用权责发生制进行核算；从中期、长期看，需要在社会保险收支、国债收支、政府担保支出等方面实行权责发生制。娄洪（2008）也认为，政府会计中可单项领域适当引入权责发生制，即在政府直接显性债务的核算可采用权责发生制。

3. 政府债务信息质量要求及披露问题。楼继伟（2003）指出，预算会计改革的目的之一是及时反映政府负债情况，以防范财政风险。王雍君（2004）认为，如果政府管理部门不能从会计与报告系统中获得政府债务的全部信息，财政风险就极有可能累积起来并为管理者和决策者所忽视或者被低估，最终可能酿成难以挽回

① 陆建桥：“关于加强我国政府会计理论研究的几个问题”，《会计研究》2004年第7期。

的损失。

赵建勇（2002）认为，政府财务报告应向投资者、信贷者和信用评级机构提供政府偿还债务能力等方面的财务信息。政府证券的投资者和其他信贷者关心政府是否有能力偿还到期债务；政府为了通过发行债券和其他金融工具从国内和国际资本市场取得资金，就需要向信用评级机构提供有关政府履行债务条款以及到期偿还债务的能力情况，以便于进行信用评级。

陆建桥（2004）指出，在市场经济条件下，就应通过政府财务报告来披露相关信息，以满足政府债权人的信息需求；而且政府债券的持有者，开始日益关注政府债务结构、偿债能力等方面的的信息。

刘玉廷（2004）指出，政府会计应该提供相关信息，以满足纳税人、国债购买者和投资者等政府资金的提供者对政府会计信息的需要，以及满足监控财政资金的使用和加强政府自身资产和负债管理的需要。

4. 政府会计应揭示政府预计债务、或有债务、隐性债务等状况。目前中国的政府会计没有对政府的预计债务、或有债务、隐性债务进行相关的确认、计量和报告。

（1）关于政府预计债务会计方面的问题。张通、娄洪等（2005）认为要完善中国财政预计债务核算体系，主要包括预计债务的内容、核算的方法。所有预计负债都是或有性质的，因为它们在时间或金额上有不确定性。当与或有事项有关的义务符合确定为负债的条件时，可以用预期价值法进行确认①。

（2）关于政府或有债务会计方面的问题。大部分专家普遍认为或有负债可能会构成最严重的财政风险，由于其种类繁多，导致或有债务产生的事项是不确定的，处于风险状态的价值或金额难以衡量。张通、娄洪等（2005）认为，虽然或有债务由于其不确定性而难以估计其具体规模，但我们仍然可以尝试对政府或有债务加以计量，以反映在财务报表附注中，这样就为真实反映政府的债务规模奠定了基础；或有债务的估算方法可以选择风险概率量化法、保险精算技术量化法和计量经济模型量化法；或有债务虽然不需要在财务报告中进行确认，但需要从多方面进行披露，提高或有债务的信息披露程度有助于提高政府的财政透明度和政府对或有债务的风险管理水平；在财务报表附注中披露可以编制专门的或有债务预算或者公布或有债务报告②。

王雍君（2004）认为，改进财务报告时应致力于提供关于政府整体和支出机构的或有负债报告，也可以采用附表或附注的形式披露或有负债信息，当条件成熟时，更为正式的做法是在预算文件中包含一份正式的或有负债报告书。

① 财政部会计准则委员会编：《政府绩效评价与政府会计》，大连出版社 2005 年版，第 490 页。

② 财政部会计准则委员会编：《政府绩效评价与政府会计》，大连出版社 2005 年版，第 495～502 页。

徐镇绥（2006）认为，政府的或有负债，不论是采用权责发生制还是收付实现制，都不能在会计报表中得到反映，可通过会计报告附注说明等方式来披露这些信息。

邢俊英（2007）建议将政府预计负债的合理计量反映在政府资产负债表中的负债合计数中。

（3）关于政府隐性债务会计方面的问题。政府隐性债务是指政府的一种道义上的偿付责任，这种责任不以某一法律或者合同为基础，而是产生于公众预期与政治压力应由政府承担的债务。大部分专家认为隐性负债是构成财政风险的重要因素。张通、娄洪等（2005）指出，中国地方政府负债主要包括地方政府拖欠项目、地方政府投资项目负债、乡镇负债和自然灾害等隐性负债，这些债务目前并不反映在地方政府预算上。笔者认为，令人忧虑的是，目前中国没有一个部门有一本关于隐性债务总量规模、具体构成及分布的“明细账”，政府没有这方面的综合统一信息来源、渠道。由于政府隐性债务对中国财政风险影响越来越大，加强其管理已成为当前经济工作的重点，对隐性债务信息的了解是管理的基础，因此政府会计应客观真实地揭示其情况。张通、娄洪等（2005）认为，政府隐性负债应在政府财务报表和报表附注中进行披露，需要披露各种隐性债务的估算金额、产生的原因、发展趋势、预计产生的影响以及具体构成等方面的情况[①]。

（四）政府债务管理与政府会计

刘星与刘谊（2006）指出，改革中国现行的政府会计制度，是防范地方政府债务风险的重要配套措施之一；通过改革中国现行的政府会计制度，提供真实可靠的政府债务信息，这才有可能对政府债务风险做出客观评价，才有可能找到防范与化解债务风险的对策。

邢俊英（2007）指出，政府负债风险控制与政府会计之间存在内在关系，政府负债风险控制对政府会计产生影响，政府会计为政府负债风险控制服务。

王瑶（2009）认为，公共债务会计可为债务管理进行正确的决策提供信息，准确核算公共债务有利于公共债务管理者利用市场机制以低成本筹集公共资金。

综上所述，国内学者对政府债务及地方政府债务产生的原因从理论和实践的角度都进行了探讨，还有不少学者对政府会计有关政府债务的会计方面的理论和实践进行了研究，取得了相当多的研究成果，这都是本书研究的基础。综观国内学者的研究，在以下方面达成了共识：中国中央政府和地方政府都有存在债

---

① 财政部会计准则委员会编：《政府绩效评价与政府会计》，大连出版社 2005 年版，第 509、514 页。

务的理由，政府负债对经济社会发展有利有弊，政府举债对经济社会发展是利或是弊都是有条件的，人们只有依其具体条件进行具体分析，方能得出正确的结论；适度负债有利于经济稳定、可持续、健康发展；过度负债，不加强管理会导致严重的财政风险，因此客观上要加强政府债务管理；而要加强政府债务管理，政府债务相关信息是债务风险管理的前提与基础，政府会计理所当然应为政府债务管理提供所需债务信息；目前中国政府债务中的地方政府债务规模巨大，财政风险正在累积，加强地方政府债务管理、防范债务风险已是当前中国经济工作中的一个重要问题；中国现行政府会计对地方政府债务的记录和报告方面存在诸多问题，不能提供政府债务管理所需的基本信息；改革政府会计，为地方政府债务管理提供所需会计信息已是当务之急。总之，加强地方政府债务管理客观需要政府会计在理论基础研究等方面作进一步探讨；对于地方政府债务管理与政府会计的内在关系，如何构建完善的、能全面、及时地反映地方政府债务信息的会计体系等问题，事实上还需进行全面、深入的探讨。本书在国内外专家学者现有研究成果的基础上，试图对中国地方政府债务管理与政府会计内在关系，以及地方政府债务的确认、计量和报告制度等进行探讨，希望能为地方政府债务管理与政府会计改革做点有意义的事情。

第三节 研究方法、研究思路及创新之处

一、研究方法

本书采用规范分析与实证分析相结合、文献研究与实践分析相结合的方法、理论与实践相结合的方法进行研究。

采用规范分析法，运用经济学、财政学与管理学的相关理论对地方政府债务的产生、存在与发展进行了深入的分析；采用实证分析法，对中国地方政府债务的现实状况及存在的问题进行了探讨；采用规范分析与实证分析相结合的方法对中国地方政府债务管理情况进行分析，得出当前中国应加强地方政府债务管理的结论。

采用规范分析法，运用管理学的相关理论对地方政府债务管理与政府会计的内在关系在理论上进行探讨与分析，得出结论：债务管理与政府会计是相互影响、相互发展的。采用实证分析法对中国的地方政府债务管理与中国的政府会计的实际关系进行分析，验证了中国现行政府会计存在明显的缺陷实际上制约了地方政府债务管理。

采用规范分析法，对政府会计中收付实现制这一会

计基础的局限性进行分析；再运用实证分析法，对中国政府会计中负债核算过程中具体运用收付实现制这一会计基础的结果进行分析，实证分析与规范分析的结论是一致的，即收付实现制这一会计基础存在提供的债务信息不及时、不完整等局限性。进而可以得出这样的结论，即中国政府会计中的地方政府债务的核算应该由收付实现制转向权责发生制这一会计基础。

本书较全面地描述了中国现行预算会计的现状，系统地分析了中国现行政府会计在地方政府债务的确认、计量和报告方面存在的主要问题，即不能提供地方政府债务管理所需的债务会计信息，因此制约了地方政府债务管理。本书用实证研究方法，系统地分析了中国地方政府债务的形成原因、管理过程中存在的问题，其中，重点分析了“地方政府融资平台”中的债务产生的原因、功能与存在的风险。

理论与实践相结合的方法贯穿本书研究的始终。比如，对于权责发生制问题的探讨，从理论上探讨了这一会计基础在债务计量方面的明显优点，同时分析了国外运用这一会计基础的成功实践，并对中国采用这一会计基础的客观环境作了分析，得出结论：在债务的计量方面应该采用权责发生制这一会计基础。

本书大量采用了比较研究方法。比如，对现行预算会计适用的环境作了比较分析，经过研究发现，现行预算会计已不能适应现在的市场环境，需要借鉴国际上成功的经验加以改革。

在本书的研究分析中，将文献研究与国内外实践分析相结合。收集并研读了大量文献，分析总结了美国与法国在地方政府债务管理与政府会计方面值得中国借鉴的经验，分析总结了《国际公共部门会计准则》中负债的计量和报告方面值得中国政府会计借鉴的经验；还梳理了中国现行政府会计对地方政府债务的确认、计量和报告的历史与现状，系统地分析了现行政府会计在地方政府债务的确认、计量和报告方面存在的主要问题以及对地方政府债务管理产生的影响；针对中国的国情，根据中国地方政府债务管理的需要提出了中国政府会计改革的目标；在此基础上，设计出了中国四类地方政府债务的具体计量和报告的具可操作性的方案。

二、研究思路

本书的研究思路，从理论的阐述、探讨到政策和实际情况的分析，探索中国地方政府债务管理与政府会计的改革实践。其具体研究思路是：

1. 以地方政府债务管理与政府会计基本理论以及两者之间的内在关系的理论探讨与分析为出发点。从地方政府债务产生原因和存在依据为理论分析起点，在阐述地方政府债务管理与政府会计基本理论的基础上，探讨地方政府债务管理与政府会计之间的内在关系。通过理论上的探讨与分析得出如下结论：地方政府适度举债有利于地方财政、经济的稳定与可持续发展；客观上需要通过债务管理使之维持在适度规模；债务管理需要政府会计提供相关地方政府债务会计信息；完善的政府会计能够提供债务管理所需的会计信息；地方政府债务管理的发展要求政府会计进行相应的变革与之相适应。

2. 以中国地方政府债务现状及其管理现状以及政府会计现状作为深入分析的切入点。笔者对中国地方政府债务的发展历程进行了追溯；系统地分析了中国地方政府债务的形成原因、管理过程中存在的问题；指出其中“地方政府融资平台”中形成的地方政府债务是需要加强管理的重点，并阐明中国现行政府会计是制约目前地方政府债务管理的重要因素；在上述研究、分析基础上系统分析了中国现行政府会计存在的缺陷及其对地方政府债务管理产生的影响。这为本书的对策研究提供了实践情况的支撑，这也是本书研究的实践意义所在。

3. 以国外地方政府债务管理与政府会计的理论与实践为借鉴和参考。中国的客观实际要求探讨并建立中国的政府会计体系，加强地方政府债务管理；而中国在这些方面的实践有限，缺乏经验，需要借鉴国际上先进的经验。鉴于此，笔者对美国与法国的地方政府债务管理实践和政府会计中关于地方政府债务的确认、计量和报告情况进行了考察分析，同时还分析了《国际公共部门会计准则》关于政府债务的确认、计量和报告的情况，从中得出对中国地方政府债务管理和政府会计的改革与完善有益的启示。之所以选择美国与法国作为借鉴对象，其原因是：在国际上，美国的政府会计准则建立历史较长，内容较为全面，受到其他国家的推崇；而且，美国地方政府债务管理也有较长的历史，也积累了一些经验。法国是欧盟国家中地方债务管理做得较好的国家，其社会环境与中国有相似之处。选择国际公共部门的会计准则作为中国政府会计借鉴的对象是基于其对世界的影响，国际会计师联合会 1986 年设立了公共部门委员会，为了规范和协调各国政府会计，公共部门委员会吸取了各国政府会计改革的经验，制定了《国际公共部门会计准则》，这套准则正对世界各国的政府会计改革产生重要影响。

4. 将中国政府会计中的地方政府债务的确认、计量和报告的改革构想作为本书的研究重点与目的。在前面理论探讨与实践分析等的基础上，对中国地方政府债务的确认、计量提出了具体的、较为详细的改革和完善方案，勾画出了地方政府债务报告体系总体框架，并设计出具体的操作方案。按这一改革构想去实践，可以使政府会计为中国地方政府债务管理提供所需的全面、可靠和及时的债务会计信息。

三、本书的结构安排

本书由以下七章构成，主要内容包括：

第一章导论。介绍了本书的研究背景，选题的理论与实践意义；对国内外学者关于地方政府债务存在及其管理以及相关政府会计问题的研究成果进行综述；介绍了本书的研究方法、研究思路及结构安排，并指出本书的创新之处。

第二章地方政府债务管理与政府会计理论。本章对地方政府债务管理与政府会计的基本理论进行阐述，并对两者的关系进行理论上的探讨与分析，为实践中改革政府会计中相关内容以适应地方政府债务管理需要提供理论支撑。地方政府债务管理要以政府会计提供的相关数据资料为基础和依据，政府会计管理的对象之一是地方政府债务，而且政府会计的主要目标之一是为政府债务管理服务，地方政府债务管理的发展要求政府会计进行相应的变革。

第三章中国地方政府债务管理现状。本章对中国地方政府债务的发展历程进行了追溯；系统地分析了中国地方政府债务的形成原因、管理过程中存在的问题，其中，重点分析了“地方政府融资平台”中地方政府债务产生的原因、功能与存在的风险；并指出中国现行政府会计是制约目前地方政府债务管理的重要因素。

第四章中国地方政府债务管理中的政府会计：现状及存在的问题。本章梳理了中国现行政府会计对地方政府债务的确认、计量和报告的历史与现状，系统地分析了现行政府会计在地方政府债务的确认、计量和报告方面存在的主要问题以及对地方政府债务管理产生的影响。

第五章国外地方政府债务管理与政府会计：经验借鉴与启示。本章对美国与法国的地方政府债务管理实践和政府会计中关于地方政府债务的确认、计量和报告情况进行了考察分析，同时还分析了《国际公共部门会计准则》关于政府债务的确认、计量和报告的情况，从中得出对中国相关改革的有益启示。

第六章中国政府会计改革的相关次序及目标。本章做了以下方面的探讨：从法律法规完善的角度研究如何使地方政府的举债行为阳光化，使政府会计能名正言顺地反映与核算相关内容；在此基础上探讨如何加强对地方政府直接举债行为的监管；根据地方政府债务管理的需要提出了中国政府会计改革的目标。

第七章中国政府会计改革的相关构想。中国政府会计中的地方政府债务的确认、计量和报告的改革构想是本书的研究重点与目的。本章对中国地方政府债务的确认、计量提出了具体的、较为详细的改革和完善方案，勾画出了地方政府债务报告体系总体框架，并设计出具体的操作方案。

四、创新之处

加强地方政府债务管理、防范债务风险是中国当前经济工作中的最迫切、最重要的工作，如何适应地方政府债务管理的需要来探讨中国政府会计的改革是一个新的研究领域。本书的创新之处主要体现在以下方面：

1. 从地方政府债务管理视角切入研究中国政府会

计改革问题，从理论上探讨了政府会计与地方政府债务管理的内在关系。

2. 较为全面、系统地分析中国地方政府的各类债务产生或存在的原因、债务现状及其管理中存在的问题。

3. 首次较为全面、系统地梳理了中国现行政府会计对地方政府债务的确认、计量和报告的历史与现状，深入分析了现行政府会计在地方政府债务的确认、计量和报告方面存在的主要问题及其成因，以及对地方政府债务管理产生的影响。其中，地方政府通过“地方政府融资平台”举借的债务的相关信息没有被现行政府会计记录和报告，对此问题进行了全面、深入的分析。

4. 从中国目前的实际情况出发，提出了中国政府会计改革的相关次序及目标。

5. 较为系统、全面地提出了改革和完善中国政府会计中地方政府债务的确认、计量和报告的总体思路；设计了各类地方政府债务确认、计量的具体操作方案；勾画出了地方政府债务报告体系总体框架，并设计了具体的操作方案。这可为政府会计与债务管理的理论研究和实践提供参考。

第二章

地方政府债务管理与政府会计理论

地方政府债务管理与政府会计关系密切，地方政府债务管理要以政府会计提供相关数据资料为基础和依据，政府会计管理的对象之一是地方政府债务，而且政府会计的主要目标之一是为政府债务管理服务。两者关系的研究需要以地方政府债务管理和政府会计理论为基础，本章首先对地方政府债务管理与政府会计的基本理论进行阐述，然后对这两者的关系进行理论探讨与分析，为实践中改革政府会计中相关内容以适应于地方政府债务管理提供理论支撑。

第一节 地方政府债务管理基本理论

一、地方政府债务概念的界定

（一）债务

债务是随着人类社会私有制的产生而产生的，债务的内容和形式又随着社会经济的发展而发展和变化。一般债务的概念可从法律意义上来理解。《中华人民共和国民法通则》第八十四条规定："债是按照合同的约定或者依据法律的规定，在当事人之间产生的特定的权利和义务关系。享有权利的人是债权人，负有义务的人是债务人。债权人有权要求债务人按照合同的约定或者法律的规定履行义务。"可见，在债的关系中，享有权利的人称为债权人，承担义务的人称为债务人；在双方契约中，则互为债权债务人。债权人享有的权利称为债权，债务人所承担的义务称为债务。法定意义上的债务是依据合同的约定或者法律规定而产生的，因此而受到法律保护；债务人必须按照合同的约定或法律的规定履行义务。

在当今的市场经济社会里，债务的形式和内容更为丰富，可从不同角度、不同方面和不同标准对债务进行分类。可按债务的主体分类，债务的主体是指义务承担主体，即债务人。债务按债务人可分为政府债务、企业债务和个人债务。

（二）政府债务

一般地讲，政府债务是指政府作为债务人，与债权人发生的权利义务关系。“在现代社会，政府具有双重主体身份，既是经济主体，又是公共主体。”[①] 政府不同于其他债务主体，因此政府债务需要从经济主体和公共主体这两个视角考察。

1. 经济视角下的政府债务。政府作为经济主体，它与其他债务主体在法律上处于平等地位。当政府与债权人发生债权债务关系时，政府同样按照合同的约定或者法律的规定履行义务。

我们可以从企业债务的概念中得到与政府作为经济主体具有共性的内容。会计学上关于企业债务的定义，规范于2007年1月1日在我国开始实施的《企业会计准则》，《企业会计准则——基本准则》第二十三条规定：“负债是企业过去的交易或者事项形成的、预期会导致经济利益流出企业的现时义务。现时义务是指企业

① 刘尚希：《财政风险及其防范问题研究》，经济科学出版社2004年版，第16页。

在现行条件下已承担的义务。未来发生的交易或者事项形成的义务，不属于现时义务，不应当确认为负债。”第二十四条规定：“符合本准则第二十三条规定的负债定义的义务，在同时满足以下条件时，确认为负债：(1) 与该义务有关的经济利益很可能流出企业；(2) 未来流出的经济利益的金额能够可靠地计量。”

国际会计师联合会公共部门委员会（Public Sector Committee of International Federation of Accountants）在其发布的《公共部门会计准则第 1 号——财务报告的列报》中对政府债务定义为：政府债务是指政府由于过去事项而引起的现时义务，该义务的履行预期会导致政府资源流出，这种流出形式可体现为经济利益和服务。美国的联邦政府会计准则咨询委员会（Federal Accounting Standards Advisory Board ，简称 FASAB）在 2006 年发布的联邦政府负债的会计核算（SFFAS5）准则公告中将政府负债定义为：是指政府由于过去发生的交易或事项所导致的很可能在未来产生的资源流出或其他牺牲。

综上所述，政府债务具有以下特征：(1) 债务是由政府过去的交易或事项形成的。也就是说，只有过去的交易或事项才形成债务，政府将在未来发生的承诺、签订的合同等交易或事项，则不属于政府债务。(2) 债务是政府承担的现时义务。是指政府在现行条件下承担的义务。义务可以是法定的，也可以是推定义务。其中法定义务是指具有约束力的合同或者法律规定的义务，通常必须履行义务。推定义务是指政府因公开的承诺或公开宣布的政策而导致政府将承担的责任。（3）预期会导致政府资源流出。流出的可能性较大，而且对流出能够比较可靠地计量，只有能够计量才能确认；政府资源可以是经济利益，也可以是服务。

2. 社会视角下的政府债务。政府作为公共主体，“政府要承担的支出责任与义务，不仅包括法定的，也包括法律没有规定或认定，但社会公众认定的支出责任和义务（即推定的）。”[①] 政府不仅要承担法定的责任，还要以社会道义的形式等承担责任，比如，当社会保障方面出现支出缺口时，政府为了社会的安定与社会责任而承担的支付责任，这种支付责任并没有由法律和合同规定。

由此可见，社会视角下的政府债务概念比经济视角下的政府债务概念的内涵和外延方面要宽泛得多，同时也比企业债务的范围更加宽泛。一般将社会视角下的政府债务概念称为广义的政府债务，将经济视角下的政府债务概念为狭义的政府债务。本文所探讨的是广义的政府债务。

与政府债务概念相关的还有“公共债务”、“财政债务”、‘“公债”、“国债”等概念。“公共债务”一般是指具有公共性质的机构和单位的债务，即各级政府部门债务的总称，它包括中央政府发行的国债、地方各级政府从上级或其他组织所借债务、政府所属行政机关或

① 刘尚希：《财政风险及其防范问题研究》，经济科学出版社 2004 年版，第 19 页。

独资机构的债务，也就是说与政府有关的债务，公共债务就是政府债务。对于“公共债务”，张馨（2004）认为，“公共债务是与政府相关的债务”，“是指以政府债务为核心的，所有与政府相关联的单位、机构和团体乃至企业所举借的债务和欠款”[①]。刘尚希（2004）认为，“凡是政府应当承担的支出责任，均可视为政府债务。”[②]“财政债务”，可以认为凡是财政应当承担的支出责任就是财政债务。由于政府承担的所有债务，都是由财政具体来承担，所以，政府债务就是财政债务。关于“财政债务”，张通等（2005）认为，“财政债务有狭义和广义之分，狭义上的财政债务是财政部门以财政的名义发行的债券和举借的债务”，而“广义上的财政债务实际上就是指政府债务”，“是指各级政府机关、事业单位或其他组织，以财政收入为主要还款来源，向国内或境内外承借或担保的，负有直接或间接偿还责任的债务，如国债、各种直接或间接的外债、或有债务等。”[③]关于“公债”，邓子基等（1990）认为：“公债就是政府的负债或债务。”[④]“公债”，一般认为是公共债务的简称，是政府的债务，包括中央政府债务和地方

① 张馨：《透视中国公共债务问题：现状判断与风险化解》，中国财政经济出版社2004年版，第8页。

② 刘尚希：《财政风险及其防范问题研究》，经济科学出版社2004年版，第51页。

③ 财政部会计准则委员会编：《政府绩效评价与政府会计》，大连出版社2005年版，第445页。

④ 邓子基等：《公债经济学》，中国财政经济出版社1990年版，第261页。

政府债务两个方面。国债，有狭义和广义之分，广义的国债是指中央政府的债务；狭义的国债是指中央政府债券，即中央政府直接发行的债券。

（三）地方政府债务

政府是国家意志的执行机构，行使国家赋予的职权，代表国家处理政务。对于一个拥有多级政府体系的国家而言，地方政府是相对中央政府而言的，是指中央政府以下的各级政府；在联邦制国家中，地方政府是指相对于联邦政府和成员政府而言的，是指联邦成员政府或中间政府之下的地方单位。政府按级次分为中央政府和地方政府，地方政府债务是指地方政府作为债务人承担的债务。所以，地方政府债务是前述政府债务的组成部分。地方政府同样也具有经济主体和社会主体特征，因此，地方政府债务也具有经济视角下的债务特征和社会视角下的债务特征。

二、地方政府债务分类

对政府债务进行分类有不同的标准，管理目的不同，划分的标准也不一样。为了便于将政府债务管理与债务分类较好地结合起来，笔者借鉴较权威的分类做法，即世界银行高级经济学家 Hana Polackova Brixi 博士将政府债务按照直接与间接、显性与隐性的标准将政府债务分为直接显性债务、直接隐性债务、或有显性债务和或有隐性债务四大类，见表 2－1。

表 2－1　　财政风险来源矩阵

负债	直接的（任何情况下都会产生的责任）	或有的（基于某一特定事件的发生而产生的责任）
显性的由特定法律或合同确认的政府负债	• 对内和对外的主权借款（签订合同的政府借款和政府发放的债券） • 预算法规定的支出 • 具有法律约束力的长期预算支出（公务员工资、公务员养老金）	• 政府为非主权借款、地方政府及公共部门和私人部门实体（开发银行）债务提供的担保 • 政府为抵押贷款、学生和小企业提供的贷款担保 • 政府为贸易、汇率、外国政府借款和私人投资提供的担保 • 国家保险计划（对存款、私人养老基金最低收益、农作物、洪水和战争风险提供的保险）
隐性的政府“道义”上的责任，主要反映了公众预期以及利益集团的压力	• 公共投资项目的未来经常性费用 • 法律没有规定的未来公共养老金 • 没有法定责任的社会保障计划 • 没有法定责任的医疗保险	• 地方政府、公共或私人实体对未担保的负债以及其他负债违约 • 银行破产（超出国家保险范围之外） • 未担保的养老基金、失业保险基金和其他社会保障基金（针对小投资者的社会保护）的投资失败 • 中央银行未能履行其责任（外汇合约、本国货币保护和国际收支稳定） • 抵抗私人资本外逃的紧急财政救助 • 环境的破坏、自然灾害、军事行动等等

资料来源：Hana Polackova Brixi 、马骏主编，梅鸿译/校：《财政风险管理：新理念与国际经验》一书中的《政府或有负债：影响财政稳定的潜在风险》一章，中国财政经济出版社 2003 年版，第 46～47 页。

表 2－1 所示的财政风险来源矩阵，其实质是政府债务矩阵，其中的政府债务是广义的政府债务。Hana Polackova Brixi 博士将政府债务按两个标准区分：(1) 政府债务按其是否基于某一法律或者某一合同的明确规定分为显性债务和隐性债务。显性债务是指某一法律或者合同规定政府应承担的债务，政府具有按期偿还债务的法定义务。隐性债务，是指法律与合同没有规定政府应承担的债务，而是由于公众的预期、政治压力等原因应由政府承担的义务。比如，在许多国家，法律没有规定政府对未来公共养老金缺口承担支出责任，但政府会出于社会道义和政治压力而提供资助。也可以将政府的显性债务理解为政府的法定债务，将政府的隐性债务理解为政府的推定债务。(2) 政府债务按其发生是否确定分为直接债务和或有债务。直接债务是指任何情况下都会产生的政府责任，这种债务是比较确定的；或有债务是指在某一或某些不确定性的事件发生的前提下才会产生的政府责任，不确定事件发生的概率以及政府履行未来责任所需承担的支出数额都难以准确预测。

Hana Polackova Brixi 博士在上述两种标准分类的基础上，将政府债务具体区分为四种类型：直接显性债务、直接隐性债务、或有显性债务和或有隐性债务。

1. 直接显性债务。这类债务是根据法律或合同的规定，由政府直接举借或明确承诺偿付的债务。其主要内容包括：主权借款、预算法规定的支出、法定的公务员工资和公务员养老金等。大多数国家的政府确认和披露这种债务。

2. 直接隐性债务。这类债务通常是由政府的中期公共支出政策而产生的，不是法律和合同规定的政府责任。这类债务是政府的预期支出责任，因此表现为隐性。将中期公共支出计划透明化的政府，确认和计量直接隐性债务。其主要内容包括：（1）公共投资项目的未来经常性费用。（2）法律没有规定的未来公共养老金。（3）没有法定责任的医疗保障和其他社会保障。

3. 或有显性债务。这类债务是指在某一特定事件发生的情况下导致政府需要承担的法定责任，这类债务与现行的预算支出项目没有直接关系。其主要内容包括：（1）政府担保。（2）政府保险计划，包括政府对银行存款、私人养老基金最低收益、农作物收益、洪水等自然灾害等承诺的保险计划。虽然这类保险计划事件发生的概率很小，但其中灾难性事件一旦发生，则损失数额可能会巨大，会对财政的稳定性产生重大影响。

4. 或有隐性债务。这类债务是指政府仅仅在政策或市场失灵以及自然环境破坏与自然灾害发生时，并迫于来自公众的压力的条件下不得不接受的债务。这类债务产生的事件是不确定的，风险大小难以估计，政府在事件发生的条件下承担的支出责任也难以预计。其主要内容包括：（1）金融机构危机政府被迫提供的援助。（2）政府为国有企业或大型私有企业的未保险损失、未担保债务和责任的违约提供的补偿与债务清偿。（3）政府对突发公共事件、环境破坏和自然灾害等承担的支出责任。这类债务有时会构成政府最严重的财政风险。

Hana Polackova Brixi 博士对政府债务的上述分类，首次从经济和社会的视角对政府债务进行了较为完整的分类和概括，在学术界和实务界的影响很大，被学术界和大多数国家政府债务管理当局采用。本书对地方政府债务的分类与探讨也以此为理论基础。

三、地方政府债务存在的依据

（一）政府债务存在的依据

近年来中国政府债务规模越来越大，加强其管理已成为国民经济生活中的一件大事，探讨政府债务管理问题，有必要了解政府债务的功能、政府债务的产生与发展历程。

1. 政府债务理论的发展历程。众所周知，政府债务这一国家信用形式产生于封建社会末期，形成比较系统的政府债务理论大概只有200多年的历史。

（1）20世纪30年代以前的政府债务理论。在20世纪30年代以前，多数经济学家信奉自由主义，反对国家干预，反对政府举债，基本否定政府债务的作用，即主张公债有害论。著名经济学家亚当·斯密（1723~1790）是公债有害论的代表人物，极力反对政府举债。亚当·斯密的观点主要包括：①政府举债鼓励当权者奢侈，助长战争。政府通过发行公债让当权者看到政府筹资的容易，不会促使当权者平时节俭从而鼓励其奢侈。②公债是非生产性的，不利于国民经济的发展。亚当·斯密认为："当国家费用由举债开支时，该国既有资本的一部分，必逐年受到破坏；从来用以维持生产性劳动的若干部分年生产物，必会被用维持非生产性劳动。"[①] ③政府债务加重国家和人们的负担。政府债务的还本付息通过提高税率而增加人们的负担。

公债有害论的另一代表人物是李嘉图（1772～1823），他极力反对政府举债，认为公债的非生产性用途对国民经济的发展无贡献，还给政府带来了偿还债务的风险。

20 世纪 30 年代以前，社会环境总体是，社会上没有闲置资金或者是闲置资金的量少，政府债务资金主要用于非生产性支出。在这一背景下，反对政府举债有其合理性。

（2）以凯恩斯为代表的政府债务有益论。1929 年至 1933 年间，发生了世界性的经济危机，席卷整个世界的经济大萧条引起了人们对此前的经济理论——国家不干预经济的思考，客观上要求政府干预经济以尽快摆脱危机。凯恩斯主义应运而生。凯恩斯指出："我们用'举债支出'一名词，包括政府用举债方式来兴办的投资事业，以及其他用举债方式来维持的经常支出"，

① 亚当·斯密：《国民财富的性质和原因的研究》下卷，商务印书馆 1983 版，第 489 页。

"不论举债目的是为兴办资本事业，或为弥补预算不足。前者增加投资，后者增加消费倾向。"[①] 凯恩斯为国家全面干预社会经济生活提出了不同于以前传统理论的系列政策主张和理论，其中非常重要的内容是政府利用财政赤字、公债等直接干预经济，以实现社会总供给与总需求的平衡，克服经济的周期波动。后来凯恩斯主义的继承者们对其公债理论作了进一步的修正补充。总的说来，凯恩斯主义赞成政府举债，并认为举债是有益于国民经济发展的，具体概括为以下方面：①政府债务有益于社会。认为政府借债扩大政府支出，可扩大就业人数，使经济繁荣，从而造福于社会。萨缪尔逊教授就主张通过政府举债来发展经济。②政府债务的增加可带来政府资产的增加。政府举债使政府有了债务，但政府用债务收入和其他收入添置了资产。这些资产包括现金、待收税款、公路、铁路、电厂、公用建筑物等。③公债不会造成下一代的负担。凯恩斯主义认为，从物质内容上看内债只是把资源从一种用途转到另一种用途，本期资源用途的改变是不会影响下一代负担的。④政府债务是将通过借款建设的项目的总支出公平分摊的工具。比如基础设施需要投资巨大，使用期限也很长，这些项目的支出也应该由这些项目的受益人来分期承担。当期的财政收入不能满足项目投资的需要，政府通过借债的方式来筹集资金，其还本付息应由受益人

① 凯恩斯：《就业、利息和货币通论》，商务印书馆1981版，第109页。

（纳税人）分期承担。

以凯恩斯为代表人物的政府债务有益论，其产生的社会背景是，社会上有大量闲置资金；政府债务资金主要用于生产性经济支出；债务支出的经济效益大于债务到期的还本付息额或者是债务的支出项目有较高的社会效益。在这一背景下，支持政府举债有其合理性。

（3）政府债务负担论。这一理论的主要代表人物是布坎南和莫迪利亚尼等，他们对政府举债有益还是无益没有做出简单判断，认为对公债的效应情况应做具体分析；他们认为公债的实际负担转移给了后代，反对公债有益论的“非负担”理论。他们的观点可以概括如下：①公债对当代人不是负担，实际负担转移给了后代。布坎南（1958）在《公债的公共原则》一书中指出，公债的负担并不是由现代人的“牺牲”所负担的，而是转移给了后代，即政府债务的还本付息支出，由那些为债务还本付息支付税款的未来一代承担。②公债既有利也有弊。公债原则上应用于生产性支出。公债在一定条件下具有合理性，其合理性取决于支出的预期生产力和预期收益。举债应当被限制用于预期可以产生长期利益的公共工程，即只适用于资本项目举债，不能用于非生产性的消费性支出。③公债与私债本质上基本相同。借款都是取得了本期额外的购买力却不发生额外的本期成本，支出的成本被转移到未来，在未来时期内，债权人拥有获取政府或个人的收入的要求权。④内债和外债基本属性是相同的。

政府债务负担论产生的社会背景是，社会上有大量闲置资金；政府债务规模比以前扩大了，其中部分债务用于消费性支出，有些用债务融资进行的公共工程收益是不理想的；在这一背景下，对政府举债的合理性需要进行具体分析。

（4）近期政府债务理论。进入20世纪80年代，特别20世纪90年代后，世界多数国家采取赤字财政政策，政府债务规模越来越大，隐藏着风险，因此，赤字财政政策受到了更多抨击，又出现了不同于以往的政府债务理论。其主要观点有：公债形成的国家投资可消除短期的经济萧条，但政府投资相对效率不高，影响经济的持续增长潜力；公债使公共投资增加而导致垄断，从而不利于实现通过自由竞争达到经济的高效增长的目的；要重视政府债务管理，不仅要重视直接显性债务，而且要重视隐性债务与或有债务；但公债作为重要宏观调控手段这一点上，大家的看法一致。

近期世界多数国家，由于政府债务规模迅速扩大，政府债务的正面效应和负面效应都在显现，情况越来越复杂；而政府债务负面效应更被关注，预计未来的情况可能会更严重。因此，未来时期政府债务风险管理会更加受到重视。事实上各国政府也不能不重视债务风险问题了，惨痛的教训正在不断上演，例如，2010年5月初的希腊债务危机引发了罢工、抗议示威和暴力活动。欧盟委员会5月5日发布的春季经济预测报告警告说，欧盟居高不下的财政赤字和公共债务水平对欧盟经济的负面影响将不只体现在未来两年，特别是2010年年初主权债务市场的紧张形势更令经济预测充满了不确定性。预测希腊2010年公共债务将达其国内生产总值的124.9%，葡萄牙与西班牙分别为85.8%和69.4%，实在触目惊心，这意味着这些国家完全是举借债务度日。为了缓解国家的债务危机，希腊总理帕潘德里欧5月6日在议会发表讲话，呼吁各党派支持政府实施紧缩政策，他说，“我们要么投支持票，要么等待国家破产”。希腊财政部长帕帕康斯坦季努也在当天表示，实施紧缩政策是“挽救国家破产的最后一张王牌”。针对成员国的债务危机，5月2日欧元区财长特别会议启动了欧元历史上首个对成员国的救助方案，在未来3年内将出资1 100亿欧元帮助希腊，但这一举动实出无奈，与其说是帮助希腊渡过难关，不如说是给市场吃下“定心丸”，以向外界证明希腊债务危机不会蔓延到其他国家，也不会危及欧元的地位[1]。有关政府债务理论也应随之发生新的变化，人们也正在拭目以待。

综上所述，政府债务的产生、发展历程及功能大致可以概括为：战争造成财政危机的突然发生，政府通过举债来缓解财政危机，弥补资金缺口；政府举债为某些使几代人受益的公共工程融资，这几代人对其投资成本予以偿还是理所当然的，这样可以避免通过增加征税来

① 新华社报道：“希腊债务危机遭遇市场‘非理性’反应”，《人民日报》2010年5月7日。

增加当前纳税人的负担，可以做到代际公平，在经济上具有合理性；政府通过举债可以增加政府支出从而可以创造就业、刺激私人经济发展。但是，随着近几年来各国政府债务规模的不断扩大，其负面效应在不断增加，负面效应的核心内容是债务风险，因此，债务风险管理应当受到高度重视。

2. 政府债务的功能。通过上述债务理论发展历程回顾，并根据国内外学者的研究，总结出政府债务的功能，主要有以下方面：

（1）政府举债可以弥补财政赤字。政府支出分为经常性支出和资本性支出。这里指的财政赤字是指政府的经常性收入小于经常性支出的差额。从前述的规范理论分析得出结论：政府举债应当用于资本性支出。但在一定条件下，政府举债也可以用于经常性支出。在一个财政年度内，由于财政收入和财政支出在时间上存在不一致，有时会存在这样的情况：财政支出已经发生而相应的财政收入没有征集上来，在此情况下，就可以通过政府借债弥补临时性的财政赤字，等税收收入征收上来后再偿还债务。在各财政年度之间，经济繁荣时期与经济衰退时期的财政状况会不同。一般情况下，财政盈余会出现在经济繁荣时期，财政赤字会出现在经济衰退时期，经济衰退时期出现的财政赤字可以举债弥补，而这种债务可以用未来经济繁荣年份的财政盈余来偿还。而且，通过政府举债方式弥补财政赤字，与政府直接向银行透支来弥补财政赤字相比，有利于减轻通货膨胀压力。

（2）政府举债为政府筹集建设资金。政府应该为社会经济发展提供基础设施，如交通设施、电力设施和环保系统等，而这些投资项目一般是投资额大、周期长。按照经济学的理论，这些产品是具有外部正效应，属于市场机制调节失灵的领域，则私人不愿或无力投资这些项目，而这些项目建成后提供的产品或服务是公共产品或公共服务，应由政府提供，因此，这些项目只能由政府投资解决。为这些项目融资的适合的方式是政府举债，因为政府当期没有足够的剩余财力来满足这些项目巨额的资金需求；政府的这种举债方式也符合成本与收益配比原则与公平原则，这一原理前面已阐述。

（3）政府举债是政府扩大社会总需求的有效手段，有利于促使经济持续稳定增长。按照经济学的理论，社会总需求是影响社会总供给的重要因素，当社会总需求不足时，政府举债可以扩大社会总需求，从而促进社会总供给的增加，进而有利于促使经济持续稳定增长。比如，政府举债将其筹资款项投资于基础设施项，就能增加总需求、提高总产量和总收入，从而增加就业机会、刺激消费，促进经济发展。

（4）政府债务中的国债在金融市场中具有特殊的作用。具体讲，国债利率具有为金融市场中的基准利率定价的作用。在金融市场中，国债的信誉度最高，风险最低，所以其利率是最低的；“同时国债的交易量大，交易速度快，交易成本也低，国债的利率最能反映金融市场资金的供求状况。”① 因此，国债利率具有为金融市场中的基准利率定价的作用。国债作为金融市场中的一种重要金融资产，可以起到降低金融市场的系统风险的作用；国债作为投资者投资组合中的一种资产，具有降低投资者投资风险的作用。由于国家拥有征税和发行货币的权利，一般能够保证国债的按期偿还，国债还可以避免单个企业面临的特有风险，因此，国债的安全性高。当国债成为金融市场中重要的内容时，具有降低整个金融市场的系统风险的作用。投资者可用部分投资额购买国债这种风险低的资产，可以减少投资者的投资风险。

综上所述，政府债务是社会经济生活中的重要事项，可以说现代社会的任何一个国家都是离不开政府债务的，债务管理对经济社会的发展起着至关重要的作用。因此，我们应加强政府债务管理，使之为社会发挥有效作用。

（二）地方政府债务存在的理论依据

1. 地方政府的职能。

（1）地方政府存在的原因。现代政府的职能，通常认为是实现社会资源有效配置、实现收入合理分配、保持社会经济稳定发展。一个国家通常建立由中央政府和地方政府组成的管理层次，之所以需要有地方政府，

---

① 类承曜：《国债的理论分析》，中国人民大学出版社 2002 年版，第 89 页。

一般认为有以下原因：

其一，有助于更好地给公众提供多样化的公共服务。各个地方情况不同，公众具体需求有差异，地方政府相对中央政府更了解所管辖地区的公民的需求，从而能够更好地满足这些需求。

其二，可促进政府间的竞争，提高政府管理效率。理性“经济人”会对享受居住地公共服务的收益与履行的纳税义务的成本加以比较，会促进“经济人”向公共服务水平高的地区转移，这会促使地区之间在公共服务与税收的组合上开展相互学习、竞争，结果会提高政府管理效率。

其三，有助于克服官僚主义。根据管理学原理，领导者应该管他能控制的事件，对不能控制的事件进行管理没有意义。如果中央政府下面没有设置地方政府，则中央政府要处理所有的政府事务，可实际上这是做不到的，随之而产生的只能是官僚主义。如果中央政府下设各级地方政府，每级政府管理它们应该管理并可控制的事务，无疑可克服官僚主义，提高政府管理水平。

其四，有助于创新。一个国家，各地经济社会发展不平衡，各地有其不同特色和条件，在经济社会发展方面应有适应本地的做法，比如发展经济的战略、重点政策等也应有所不同。而地方政府对当地的具体情况最熟悉，最有可能寻找到适合自己的制度创新、经济发展战略等，从而更有利于地区经济的稳定发展，进而有利于整个国家经济的稳定健康发展。

(2) 地方政府的职能、事权与财权。在市场经济社会中，企业的目标是实现利润最大化。而与企业相比，政府的目标有着本质的不同，政府追求的是公共福利的最大化。根据政治学与财政理论，政府的基本职能是：维持经济稳定，促进收入合理分配和实现社会资源的有效配置。“在政府内部，中央政府往往更多地承担供给那些外部性更强、排他性更低的公共产品，地方政府则提供基于辖区范围的基础设施或公共产品。经过长期的历史演变，各级政府的职能分配逐渐形成一个相对稳定的格局。一般说来，在上述三种职能中，中央政府负责：一是保持经济稳定的宏观政策；二是照顾贫困人口的收入再分配措施；三是提供全国性的公共产品如国防、环境保护等。地方政府更多是承担资源配置职能。”① (Richard Musgrave，1959；时红秀，2007) 同时，地方政府职能主要是实现地区性社会资源有效配置。“社会资源配置如果由中央政府统一安排，不但会抹杀居民丰富多彩的消费偏好，也会抹杀地区间的有效竞争，最终将导致公共产品供给的低效率。”“相对于中央政府，地方政府更接近本地居民，能更好地了解居民的消费偏好，因此地方政府提供地方性公共产品，在质和量方面更加符合当地居民的需要，具有更高的效

① 时红秀：《财政分权、政府竞争与中国地方政府的债务》，中国财政经济出版社 2007 年版，第 109 页。

率。”[①] 按照“一级政府，一级职能，一级事权，一级支出责任，一级财力，一级财权”的通用原则，确定各级政府的职能、事权、支出责任、财力与财权，事权决定了相应的支出责任，地方政府的支出责任主要是承担本地政府机关运转以及本地经济、社会事业发展所需的社会共同需要事务的支出，这些支出必然要求有相应的财力作保障，政府拥有相应的财权是拥有财力的前提，财权包括征税权和举债权等。

地方政府利用自己掌握的财权，包括借债，筹集一定数量的财力，以满足其支出需要，进而履行自身承担的事权。在这一过程中，政府举债起着积极作用。

2. 地方政府债务存在的理论依据。地方政府的职能影响地方政府债务的存在，地方政府债务存在的原因主要有以下方面：

（1）满足地方基础设施项目或公共投资项目融资的需要。政府通过举债为公共投资项目融资，有利于推动社会发展，改善公众福利。地方政府支出一般包括两部分：经常性支出和资本性支出。根据政府收入和支出匹配的原则，经常性支出一般由经常性收入（通常是税收收入）来满足。资本性支出是指地方政府的基础设施项目，比如，交通设施、电力设施、通信系统、环保系统等，而这些投资项目一般是投资额大、周期长的

---

① 贾康：《地方财政问题研究》，中国财政经济出版社 2004 年版，第 8、9 页。

公共产品，按照西方经济学的理论，这些公共产品是具有外部正效应的产品，在此领域市场机制作用失灵，私人不愿投资这些项目或者没有能力投资这些项目，这样只能由政府投资解决。西方经济学认为，在市场经济条件下，市场机制发挥着资源配置的基础性作用，政府的基本职能在市场失灵领域——公共产品领域发挥作用。公共产品具有两个特点：一是消费的非竞争性。即公共产品同时可以由多人享用，不会因增加享用人数而减少他人享用该产品的数量与质量。二是受益的非排他性。即公共产品一旦提供给某些人，其他人从中受益不能被阻止，或者付出极高成本去阻止其他人受益已没有意义。由此可见，由于公共产品的这两个特点，这使私人部门不愿提供公共产品，则只能要求政府为社会提供公共产品。地方公共投资项目的建设，有利于营造良好的客观环境，同时也有利于提高当地现时和未来公共服务的质量，即有助于地方政府更好地履行其职能。一般情况下，当期地方政府的经常性收入满足经常性支出后，更多的情况是没有余额，即使有余额，其金额远远不能满足公共投资项目的资金需要。而政府举债就能满足公共投资这些项目的融资需求，这符合成本与收益配比的原则与代际公平原则。比如，非收费的道路交通项目建成投入使用，尽管项目本身不产生直接的现金流入，但能够直接或间接提高当地的生产力，能增加当地企业的税收收入；政府通过举债为此类公共投资项目融资，项目完成后可以在较长服务期内发挥作用，按照费用与收益配比原则，项目的成本应该由该项目的受益人分担，政府债务的还本付息就是把这些支出成本在受益的各年或各代纳税人之间分摊，从而也实现代际公平。

当前中国经济正迅速发展，城镇化、工业化的速度正在加快，相应的基础设施建设等方面需要大量资金投入，地方政府需要为此筹集大量资金。

（2）政府要承担未来明确的公共支出责任。作为具有连续性的政府，不仅要履行现时的职能，还要履行未来的职能。因此，政府要承担未来明确的公共支出责任。按照 Hana Polackova Brixi 博士的政府债务分类标准，这部分政府承担的未来明确的公共支出责任称为地方政府的直接隐性债务。政府要承担未来明确的公共支出责任主要包括：

其一，公共投资项目未来的经常性费用。地方政府举办的公共投资项目建成后，为维持正常运营，还需要发生一些维护、修理费用等，这些费用一般能较准确地进行预计。这些支出仅仅是预期的，并不以法律形式进行规定，但是这些支出会影响政府未来提供公共服务的质量和数量。因此，地方政府会出于对公众的责任而承担公共投资项目的未来的日常维护、修理费用等。

其二，非法定的未来公共养老金。在许多国家，未来公共养老金不是政府的法定责任，因此视为直接隐性债务；而随着工业化和人口的老龄化，现收现付的养老金政策会使其出现支出缺口，支出缺口一般都是确定的，由于经济、社会和政治的因素，政府不得不承担这一支出责任。

其三，非法定的未来医疗保障计划。随着人口的老龄化，未来的社会医疗费用会越来越大，未来的医疗保障缺口会越来越大，支出缺口的责任虽然不是法定的，但是政府出于社会稳定和公平角度的考虑，政府未来必须承担这部分支出责任。

（3）政府要承担特定事件发生时的法定支出责任。在某一特定事件发生时，政府要承担相应的法定支出责任。最典型的例子就是政府提供的贷款担保，当被担保方无法偿还借款时，政府以全部或部分地承担借款责任。按照 Hana Polackova Brixi 博士的政府债务分类标准，这部分政府承担的法定的责任称为地方政府的或有显性债务。政府在履行其职能的过程中，采取间接承担责任的方式，即采用政府担保方式。采取这种方式基于以下原因：政府财力的限制或者是出于经济社会方面的客观原因，或者这两个原因同时存在。具体而言，这类地方政府债务的存在由于以下原因：

其一，履行在外部正效应领域中投资的责任。公共投资项目，比如，交通设施、电力设施、通信系统、环保系统等，而这些投资一般是投资额大、周期长，具有外部正效应，属于市场失灵的领域，私人因风险较大不愿投资，或因投资额巨大无力投资，只能由政府出面解决投资问题。解决的方式可以是前述的方式，即地方政府为项目直接借款融资；还可以是采用担保方式来解决，由地方政府为私人投资提供贷款担保，由于政府分担项目风险，私人投资者愿意在此领域进行投资，贷款银行愿意提供贷款，这样就解决了这些领域的投资问题。这种方式相对政府直接融资方式有如下优点：若投资项目没有出现风险，政府不承担支出责任，反而可能收取担保费用；引入私人投资，可以有效利用社会投资，有私人投资者参与管理，有利于克服官僚主义，有利于提高投资项目使用效益；若投资项目出现风险，政府和投资者可以共担风险。

其二，公平、合理配置地区资源，促进中小企业发展。中小企业的发展对地区经济有重要作用，并且还能提供就业机会，中小企业的发展需要金融机构提供融资；然而，由于中小企业应对风险的能力不强、提供的会计信息质量低等原因，金融机构一般不愿给中小企业提供贷款。在这种情况下，地方政府给中小企业贷款提供担保则可以弥补这一缺陷，这也是履行地方政府的职能，使资源配置到中小企业，促进中小企业的发展，从而有利于保持地区经济持续稳定发展。当然，当被提供担保的中小企业经营失败无力偿还借款时，则政府要全部或部分地承担其借款责任。

其三，维护社会公平与稳定的需要。学生助学借款、农业贷款等这类借款，由于自身的收益率较低或者风险较高，金融机构一般不愿意提供贷款，而这类贷款对于维护社会公平、稳定环境具有重要意义。在这种情况下，地方政府有必要提供担保，同时也是为了地方政府履行其职能的需要，因为维护社会公平与稳定也是政府的基本职能。

其四，担保这种方式可让地方政府当期用有限的财力提供更多的社会公共服务，会使当期的政府绩效更好一些。地方政府通过担保的方式，提供了社会公共服务，而当期政府不用承担现金支出，相对于直接的政府现金支出来说，当期政府用有限的收入做了更多的事情，从而体现为当期的更好政府绩效。

（4）政府要承担道义上的支出责任。政府承担道义上的支出责任，是由政府职能所决定的，保持社会安定是政府最基本的职责。当自然灾害、突发公共卫生事件等在某一地区出现时，会影响该地区的社会安定，为了维护社会安定，政府不得不给予人道主义援助，即承担最后支付人角色的支出；当出现金融危机时，地方商业银行面临破产时，通常会对该地区经济造成严重损害，为了确保金融体系的运行，政府会被迫给予援助。这类道义上政府要承担的支出，归类为或有隐性债务。这类债务的另一重要内容是，地方政府通常被迫对当地国有企业或大型私有企业的未保险损失、未担保债务和责任的违约进行的补偿，对下级政府的担保。这类债务产生的事件是不确定的，政府承担的支出责任也难以预计，对其进行确认与计量都非易事，这就给管理带来了难度。

小结：（1）地方政府适度举债具有积极意义。各国政府分权体制的实施，地方政府的职能更明确和强化了，尤其强化了地方政府的支出责任。随着市场经济的发展、金融市场的发展，公共投资项目融资需求也在不断增加，这拓宽了地方政府公共支出的空间，而公共投资项目的投资额大、使用期长等特征客观要求地方政府举债满足其融资需求；而地方政府适度举债建设地方公共投资项目，有利于地方经济的发展，改善公众社会福利，从而有利于当地政府职能的履行。（2）地方政府债务的存在有地方政府管理者的主观原因，还有客观原因。因客观原因而存在的债务，比如，承担未来明确的公共支出责任，承担道义上的支出责任，这些支出责任是社会赋予的，地方政府是被动接受的，实际上也是政府基本职能履行的一部分，因此，我们不应忽视这部分支出责任。

四、地方政府债务管理

通过政府债务理论的考察得出的结论是，地方政府债务存在有其客观必然性；各国的现实是地方政府普遍存在债务，而且债务规模有越来越大的趋势，因此，对地方政府债务管理的需要应运而生。

管理，一般是指在特定的组织内外环境下，通过信息获取、决策、计划、组织、领导和控制活动，以实现组织目标的过程。地方政府债务管理，以地方政府债务的运行过程为管理对象，通过债务信息的获取、对政府债务的相关事项进行决策、计划、组织、领导和控制活动，以实现地方政府债务管理的目标。

（一）地方政府债务管理目标

地方政府债务管理目标是政府债务管理行为希望实现的结果或希望达到的目的。它是评价政府债务管理活动是否合理有效的基本标准，是政府债务管理工作的导向，是债务管理人员工作实践的出发点和归宿。政府债务管理目标能直接反映客观环境的变化，并能根据环境的变化做适当调整。

政府债务管理是为履行政府职能服务的，所以，地方政府债务管理的目标是由地方政府的职能决定的。维持经济稳定，促进收入合理分配和实现社会资源的有效配置是政府的基本职能。各级政府通过承担的管理社会经济事务的权利和责任来履行其职能，可以集中概括为提供地方性公共产品。政府的职能决定了政府相应的支出责任，而地方政府的支出责任主要是承担本地政府机关运转以及本地经济、事业发展所需的公共支出；这些公共支出必然要求有相应的财力作保障。因此，债务管理要为政府职能的实现服务，当政府日常的税收收入不足以满足承担支出责任时，要能及时举债满足其需要。这是政府债务管理最初和最主要的目的。随着经济和社会的不断发展，市场化程度的加深，公众的社会公共需求逐步增加，社会的闲置资金也在增多，地方政府的职能在拓展。比如，公共投资项目的融资需求在增加，政府不仅要考虑公众当前对社会公共产品的需要，还要考虑未来的需要，争取当前与未来社会福利最大化，在这种情况下，举债规模会越来越大。当然，政府要考虑如何以低成本借入资金，因为实现社会福利最大化要求融资成本低；随着举债规模的扩大，偿债风险也在累积，如何履行按期偿还债务的责任，这包括短期的责任和长期的责任，因为能到期偿还债务，才能保障政府承担当前和未来的支出责任，才能保障政府职能的履行。政府按期偿还短期债务，是保持财政短期可持续性的基础；政府能履行长期债务的责任，是保持财政长期可持续性的基础。这些都是政府债务管理者必须面对的，这使融资成本和风险控制的概念也成为债务管理目标的内容。

综上所述，考虑政府履行职能的需要，目前社会市场环境的变化等，地方政府债务管理的总目标可表述为：以低成本举债满足地方政府的资金需求；保持适度的负债规模；控制风险，使政府保持适当的短期偿债能力和长期偿债能力。

（二）地方政府债务风险管理

1. 地方政府债务风险的内涵与特征。

（1）风险。关于风险的定义，国内外学者的认识不尽相同，普遍认同的定义是指事件未来的不确定性，即人们通常所说的，只要某项活动的未来结果有两种或两种以上，就是风险，如果未来只有一种结果就不存在风险。也就是事件在未来可能发生的结果的变动。变动一般包括两个方面：好的方面，带来超出预期的收益；不好的方面，带来超出预期的损失。在社会实践中，人们更多关注损失出现的可能性，主要从不利的角度来考虑风险，把风险看成为未来不利结果的可能性。在经济生活中的方方面面都存在风险，从风险与经济中某一领域的结合来研究风险，有各种各样的风险，如企业风险、财务风险、投资风险、财政风险等。

（2）财政风险。国内外许多学者对财政风险进行了研究，并得出了不少研究成果，但对其内涵的界定，仍没有一个一致的认识。关于财政风险的定义，刘尚希研究员的观点具有代表性，他认为财政风险是“政府未来拥有的公共资源不足以履行其未来应承担的支出责任和义务，以至于经济、社会的稳定与发展受到损害的一种可能性”[①]。刘尚希还总结了财政风险的表现形式，“财政风险在表现形式上，首先可能是赤字不可持续，即不可能再用扩大赤字的办法来扩大支出，这主要来自社会压力或政治压力。其次是债务不可持续，也就是不可能再通过借债来维持或扩大支出，这主要来自资本市场的约束和社会对政府信誉的动摇。再次是财政不可持续。当上述办法失效之后，政府只能是冒险运用征税权来扩大其拥有的资源，如果这条路也走不通，那么，财政就到了不可持续的地步，以至于爆发财政危机。最后，这种风险或危机反过来渗透到经济、政治领域，就

① 刘尚希：《财政风险及其防范问题研究》，经济科学出版社 2004 年版，第 15 页。

会导致经济衰退和政治不稳定。”[①] 从上述财政风险定义和表现形式可看出，财政风险被认为是未来不利结果的可能性，规避未来不利结果是管理的重点；财政风险是基于政府债务角度来考虑，财政风险的核心是政府资产与负债之间不匹配，其核心问题是债务风险，也可以说，政府债务风险是财政风险的集中反映。

（3）地方政府债务风险。从上述的内容可得出结论，地方政府债务风险就是地方财政风险的集中反映。因为，影响地方财政风险的因素有诸多，但这些因素的影响最终都体现为对当期或未来公共资源的需求，如果公共资源不能满足这些需求，地方财政就会举债来满足，或者不履行应承担的责任与义务，表现为政府债务的增加或相对于资源的不匹配等，因此，地方政府债务风险状况是地方财政风险状况的集中表现，而且债务风险反映财政风险具有直观性、简单性和突出性等特点。因此，地方政府债务风险可以定义为：因地方政府债务的存在，使地方政府未来拥有的公共资源能否履行其未来应承担的支出责任和义务存在不确定性，以至于当地经济、社会的稳定与发展受到影响的结果存在不确定性。未来结果的不确定是指：有可能是比预期更好的结果，即地方政府未来拥有的公共资源能更好地履行其未来应承担的支出责任和义务，比如，通过举债投资了当

① 刘尚希：《财政风险及其防范问题研究》，经济科学出版社 2004 年版，第 16 页。

地基础设施的建设，客观环境更好了，企业越来越多了，盈利越来越多了，税收收入也随之大幅度增加，除了按期还本付息，政府还有相当财力增加当地公众的福利，这种结果是政府管理者追求的理想状态，也是我们债务管理希望实现的目标。当然也可能出现不好的结果，即地方政府未来拥有的公共资源不足以履行其未来应承担的支出责任和义务，以至于经济、社会的稳定与发展受到损害，具体表现为：一是政府不能偿还到期的债务，这种债务是以协议或合同等形式规定政府法定的债务；二是政府放弃履行部分应承担的义务，比如，不承担公共投资项目的日常维护费等；三是可能采用如增发货币和征新税等一些非理性方法来增加可用的资源；四是财政不可持续。由于当今世界许多国家和地区债务规模很大，出现不利可能性的概率高，我们必须极力避免不利结果的出现，因此，债务风险管理的重点在防范出现不利结果的可能性。

（4）地方政府债务风险的特征。地方政府债务风险是地方财政风险的集中反映，则地方政府债务风险属于地方财政风险，也具有财政风险的特点，主要有：

其一，风险具有系统性、被分散的可能性小。相对企业而言，地方政府债务风险具有自身的特征。企业风险基本不具有外部性，企业自身承担风险，同时也获取相应的风险收益；企业风险管理的重要方法是通过投资组合来分散风险。而地方政府债务风险属于公共风险，对于一个地区而言，只有一个行使公共权力的公共主体

——政府，这一地区的政府债务风险则无法转移给其他的社会主体。因此，风险具有系统性、被分散的可能性小等特征，这就决定了地方政府债务风险的管理不能采取企业分散风险的管理办法来管理。

其二，非敏感性、隐蔽性。相对企业风险、金融风险而言，地方政府债务风险具有非敏感性和隐蔽性。由于导致政府债务风险因素多而且有些因素隐性化，比如隐性债务；有些因素还容易采取一些手段进行处理而使其隐藏起来，比如，对于已经发生的债务只要不支付现金，会计上采用收付实现制就可不确认负债；政府债务信息不透明；政府利用权力变现国有资产等办法缓解债务风险。这种隐蔽性容易导致债务风险累积，累积到一定程度才会显现出来，最终产生地方政府债务危机。

其三，传导性。导致地方政府债务存在的因素很多，如有直接隐性债务和显性或有债务，这些因素的显现或恶化一般都会传导到政府这一主体上来，比如，国有企业经营亏损、地方银行破产等风险最后都会传导给当地政府，从而加大地方政府债务风险；当地方政府债务风险大到不能维持地方财政继续运行时，这种风险一般会传导给中央财政，从而又会加大中央财政风险。因此，中央政府或中央财政需重视并加强地方政府债务管理。

2. 地方政府债务风险分析框架——资产负债表法。当我们对地方政府债务风险的定义有所了解后，需要进一步明确以何种思路和角度来分析观察地方政府债务风险，即采取何种分析框架为地方政府债务风险管理打下基础。

随着各国政府债务规模日益扩大，公共债务管理在理念和方法上也随之不断发展。经济合作与发展组织（OECD，以下简称“经合组织”）国家在公共债务管理方面较为成熟，2000 年以来，资产负债管理法被引入到这些国家的公共债务管理领域，这一引入使公共债务管理发生了重大变革。

资产负债管理法早在企业财务管理中得到运用。根据企业财务管理理论，企业要不断发展，赚取更多的利润，要擅长于负债经营，当企业的资金收益率大于借入资金利息率时，企业增加负债，会使企业赚取更多的利润。而企业借入资金后，企业实际收益状况受内外环境许多因素的影响，企业资金收益率可能与预期的一致，也可能不一致，其结果是不确定的，这种未来结果的不确定性会导致企业经营成果的不确定性，这种因负债而导致不确定性称为企业的债务风险。当企业实际的资产收益率低于借入资金利息率的情况下，企业负债越多，给企业带来损失越大，这种趋势继续发展，会使企业处于资不抵债，即企业的总资产小于总负债，不能按期还本付息时，企业则面临破产。因此，企业尤其重视债务导致损失可能性的管理，注重资产与负债在规模、结构、流动性方面是否匹配等方面的管理。由此可见，企业财务管理中的资产负债管理法对政府债务管理是有借鉴意义的。因为，前述政府债务风险主要是指地方政府未来拥有的公共资源不足以履行其未来应承担的支出责任和义务，分析政府债务风险也应从政府的资源（资产）和债务这两方面进行，这与企业债务风险的分析具有共同性。

国际上的公共债务管理在没有引入资产负债表法以前，对公共债务管理的方法称为传统分析方法，主要是针对债务本身进行管理，没有与政府资产管理很好联系起来。其主要缺点在于：传统分析方法，注重政府资产负债表中的"负债"，而"资产"没有被重视；只关注负债中的显性负债，不重视隐性负债；重视现时的政府债务，不重视未来的债务状况。由于这些缺陷，需要一种新的方法来克服这些缺陷，资产负债表法就是一种较好的方法。在这一方法下，对政府资产和负债的财务属性进行匹配分析，比如，规模、结构、流动性等方面的匹配分析，更贴近政府债务风险管理。

世界银行专家 William Easterly 和 David Yuravlivker (2003) 在"建立政府资产负债表：对哥伦比亚和委内瑞拉政府的案例分析"一文中指出，运用资产负债表来分析财政的可持续性（债务风险）有两种方法：第一种方法是，预测资产负债表中的资产减去负债后的差额，根据差额为正值还是负值来评估财政的可持续性。差额为正值，该政府的财政可持续；若为负值，政府必须采取增收减支措施，才可保持该政府的财政可持续性。第二种方法是从流量角度评估政府财政的可持续性。财政可持续性的标准定义为：保持政府资产与负债的差额占国内生产总值的比率为某一常数。其原理：如果某国政府资产与负债的差额占国内生产总值的比率为某一常数时，该政府财政当前没有发生支付危机，则在该政府资产与负债的差额与国内生产总值同比例放大的情况下也不会发生危机，即保持政府资产与负债的差额占国内生产总值的比率不变就可避免在将来发生支付危机；如果该政府当前发生了支付危机，则为保持其财政可持续性，就需要提高政府资产与负债的差额占国内生产总值的比率。

资产负债表法应以政府资产负债表为基础，资产与负债应该都是广义概念的资产与负债。虽然资产与负债中的有些项目难以计量，但该方法仍然有助于了解何种财政活动将会改进政府财政状况或使政府的长期财政状况恶化。

根据刘尚希研究员等（2004）的研究成果，政府债务风险的评估应当建立在政府资产与政府负债两个基本面之上。

由此可见，资产负债表法的运用，必须以地方政府一定时期的资产与负债的相关数据为基础，而这些数据要由政府会计来提供。有关地方政府的资产与负债数据对于政府债务管理都很重要，由于政府资产与负债的种类繁多、计量复杂，由于篇幅限制等，本书只阐述政府债务的确认、计量等相关问题。

3. 地方政府债务风险控制指标。要实现前述的政府债务管理目标，关键在于对政府债务进行风险控制，为了使控制有据可依，应该有一些控制标准，即风险控制指标，也称风险评估指标。目前国际上使用的政府债务规模控制指标如表2-2所示。

表2-2　　政府债务规模控制指标

指　标	公　式
债务负担率	年末政府债务余额/当年地方 GDP
债务率	年末政府债务余额/当年财政收入
新增债务率	当年新增政府债务额/当年财政收入增量
债务偿债率	当年债务还本付息额/当年财政收入
担保债务比重	当年债务担保余额/当年财政收入
利息支出率	当年利息支出额/当年财政收入
债务依存度	当年举借债务数额/（当年财政支出+当年债务还本付息额）
资产负债率	年末政府债务额/年末政府资产额

资料来源：李萍、许宏才、李承：《地方政府债务管理：国际比较与借鉴》，中国财政经济出版社2009年版，第43页。

其中最常用的指标有：债务负担率、债务依存度和债务偿债率。这些指标用于地方政府债务风险评估时，指标中的“政府”以“地方政府”代替。

债务负担率，是指年末地方政府债务余额占当年地方GDP的比率。它是从地方经济的全局考察地方政府债务的数量界限，也是反映地方政府经济总规模相对政府债务的承载能力及地方政府的风险程度。该指标值越大，说明风险越高。国际公认的国家债务负担率的警戒线为60%。但对于地方政府的债务负担率，各国基于其特定的国情，指标口径不同，比如债务包括的内容有差异，警戒线数值会有差异。如美国规定的债务负担率（州政府债务余额/州内生产总值）警戒线在13%～16%之间；加拿大的警戒线为25%。

债务依存度，是指地方政府当年举借债务数额占当年财政支出（包括当年债务还本付息额）的比率。该指标反映当年地方政府财政支出对债务的依赖程度。如果该指标值过高，表明该地方财政支出过于依赖债务收入，地方财政处于脆弱状态，将对未来财政的发展和平衡产生危险。一般认为其国际公认警戒线为20%。

债务偿债率，是指地方政府当年债务还本付息额占当年财政收入的比率，即当年财政收入中用于偿还债务的部分所占的份额。该指标反映地方政府用当期财政收入偿还借款的能力。该指标值越高，表明该地方政府偿还债务的能力差，过高表明政府可能会有偿还风险。一般认为其国际公认警戒线为10%。

上述指标从债务规模上来约束地方政府的举债行为，在一定程度上有利于防范政府不能偿还到期债务的风险。但这些指标尚存在不足，主要表现：（1）上述指标中没有隐性负债、或有负债数据，只考虑直接显性负债的风险，这样的风险评估是不全面的。而地方政府隐性负债、或有负债累积数巨大，由此带来的风险有时比直接显性负债还大，给地方经济带来的影响更大。（2）没有全面考虑地方政府的资源情况。前述考察地方政府债务状态如何，需要将政府资源与支出责任、义务进行比对，因此，仅依据上述指标这样的评估也是不全面的。（3）静态地评估情况，缺乏动态评估，不能较准确地反映地方政府债务风险趋势。

由于上述常用的风险指标有不足之处，需要完善风险评价办法，并补充一些新的评估指标较完整地评估地方政府债务风险状况，从而进行风险控制。完善风险评价办法方面可做以下改进：债务的范围应扩大一些，比如有些隐性直接债务应包括到指标的计算中，对于或有负债也应适当考虑，比如用发生概率作为权数进行计算；上述 3 个指标可以计算 3 年平均数，其他的风险指标也可计算 3 年的平均值，便于了解动态风险状况，还可避免某些管理者的机会主义行为，因为某些管理者为了政绩或者规避其他相关法规等的约束，可能降低某年的风险指标，而导致未来年份的风险指标升高，从而影响财政平衡及地方经济的稳定性。

表 2－2 中有资产负债率这一指标，目前使用该指标的国家和地区不多，只是因为多数国家、政府没有编制资产负债表，这是其一；其二，资产与负债的全面确认、计量难度大。其实，这一指标最贴近债务风险的定义。因此，地区的资产、负债需要逐步地确认、计量，

采用这一指标来控制风险。资产负债率可计算年末数或当年平均数，该指标值越大，则表明政府偿还债务或承担义务的能力差，到期债务偿还可能会有问题；如果大到超过100%，可能会使财政不可持续。可在前述的资产负债表分析法的基础上采用这一指标。世界银行专家，William Easterly 和 David Yuravlivker（2003）在“建立政府资产负债表：对哥伦比亚和委内瑞拉政府的案例分析”一文中指出，可以通过两种方法用资产负债表来评估财政可持续性，第一种方法，从绝对值的角度，即用预测的资产负债表中的资产与负债的差额来评估，称此指标为资产负债净值；第二种方法，从流量的角度，用资产与负债的差额占地区内生产总值的比率来评估，称此指标为净值率。这两种方法的原理，前面已阐述。

世界银行高级经济学家马骏（2003）指出可以选择偿债负担、赤字、债务水平、流动性比例（如现金余额占支出的比重）及对这些指标的中期预测，作为衡量地方政府偿债风险和流动性风险常用指标。马骏还指出要重视或有负债。

综上所述，在表2－2的基础上，中国地方政府债务风险控制指标体系可以做些改进，改进后的地方政府债务规模控制指标体系如表2－3所示。

表 2-3　改进后的地方政府债务规模控制指标体系

指　标	公　式	评　述
债务负担率	年末政府债务余额/当年地方 GDP	国际警戒线为 60%；该指标值越大，风险越大，反之风险越小。
	政府债务余额/地方 GDP（3 年平均值）	
债务率	年末政府债务余额/当年财政收入	该指标值越大，风险越大；反之风险越小。
债务偿债率	当年债务还本付息额/当年财政收入	国际公认警戒线为 10%；该指标值越大，风险越大，反之风险越小。
	债务还本付息额/财政收入（3 年平均值）	
债务依存度	当年举借债务数额/（当年财政支出 + 当年债务还本付息额）	国际公认警戒线为 20%；该指标值越大，风险越大，反之风险越小。
	举借债务数额/（财政支出 + 债务还本付息额）（3 年平均值）	
担保债务比重	当年债务担保余额/当年财政收入	该指标值越大，风险越大，反之风险越小。
利息支出率	当年利息支出额/当年财政收入	该指标值越大，风险越大，反之风险越小。

续表

指　　标	公　　式	评　　述
资产负债率	年末政府债务额/年末政府资产额（可以计算当年平均数和3年平均数）	该指标值越大，风险越大，反之风险越小。这指标也不是越低越好，适度负债投资一些公共项目，有利于当地经济的发展。
资产负债净值	资产总额－负债总额	警戒值为零，不能低于零。该指标值越大，风险越小，反之风险越大。
净值率	（资产总额－负债总额）/地方GDP	测算出保持地方财政可持续性的这一比率值，实际值与之比较，若低于该指标值，财政可持续性可能会有问题，长期偿还能力可能有问题。
按风险程度估量的或有负债、隐性负债	对近期到期的或有负债、隐性负债进行估算（如担保额、养老金支出缺口）。	或有负债、隐性债务有时影响地方政府的偿债能力；地方偿还能力出现支付危机时，中央政府得承担责任，因此，近期的这些债务应该有些估计数，让地方和中央政府了解这些债务的情况，如估算金额。

注：表中“政府”系指“地方政府”。

4. 风险预警。地方政府风险预警是债务管理的内容或重要管理环节，当债务风险（坏结果）发生之前发出警告，以便采取相应措施化解风险或避免风险的发生。债务风险预警是以债务风险控制指标的标准为依据，对政府债务管理活动进行及时监控，当债务活动使指标值接近警戒值时，对相关部门和机构发出警告，以便提出纠正和化解风险对策。

5. 隐性债务风险、或有债务风险管理。前面阐述的债务风险管理没有重点涉及隐性债务风险、或有债务风险问题，而隐性债务风险、或有债务风险问题越来越成为影响一个国家、一个地区财政稳定、经济稳健发展的重要问题，因此，需要重视它们并加强管理。

直接隐性债务，主要是指所辖地区公共投资项目未来的维护性支出、未来公共养老金、医疗和其他社会保障等，这些支出责任是在未来由政府承担的，而在当期，政府会计一般不确认和计量这些支出责任。而这些未来支出是中长期公共支出的重要内容，会严重影响地区性财政可持续性。其中，尤其要特别重视的是未来公共养老金，随着人口结构的老化，要由政府负担的金额，将是巨大的金额，会成为影响地区财政稳定性的最主要的问题。因此，为了保持地方财政的可持续性需要提前考虑并筹划资金来源。

或有显性负债，是指在某一特定事件发生的情况下，政府需要支付的法定责任，这通常与现行的预算项目没有直接的关系。这部分负债主要是地方政府为公共部门和企业的债务和其他责任提供的担保。担保责任又是影响地区财政风险的重要因素。由于政府提供担保，政府因此而承担的债务可能巨大，使政府未来公共支出需求增加，使政府存在更大的潜在债务风险。因此需要重视并加强管理这部分债务。担保可能会给政府带来巨大债务，其原因可归纳为以下几点：其一，由于经济全球化，企业面临的竞争益趋激烈，被担保的企业的借款责任由政府承担的概率增加。其二，一些地区的政府将原来由政府部门提供的公共服务转变由私有部门提供，政府给这些私有部门提供担保使其获得借款，这给政府未来公共支出带来更多的不确定性。其三，一些政治家们为了达到名义上削减赤字的目的，利用担保这种方式隐藏政府成本，比如前面阐述过的，本来应由政府提供公共服务，改由私人部门提供，政府提供担保，当期不反映在政府支出中，这样当期赤字降下来了，未来支出却可能增加了。政府担保这种支持方式的过度被使用通常被称为财政机会主义。其四，以收付实现制为核算基础的政府会计为隐藏政府成本提供了制度条件和运作空间。在收付实现制下，费用和负债只有在实现发生现金支出时才确认和计量。比如，政府为了承担一项责任，为企业提供担保，政府可以收取担保费用以净收入形式入账，但相应的责任则不反映在政府会计的支出账上。

或有隐性负债，是指地方政府在政策或市场失灵，并迫于来自公众、道德的压力下不得不接受的负债。导致这种风险的事件是不确定的，风险的大小难以评估，这种风险可能会给政府带来巨大的支出责任，从而给政府未来带来巨大风险。比如，地区性的商业银行出现危机，地区性大国有企业未担保债务出现不能按期偿还的问题，地方政府为了保持地区金融系统的健康运行，维持地方经济的稳定，保持社会安定，政府不得不提供资助，这种资助会形成政府未来的巨大支出，从而加大地方政府债务风险。而这种政府不得不提供资助的预期，又会使受益人过度冒险，最后将风险转移给地方政府、甚至转移给中央政府。受益人的这种行为称为道德风险。因此，对于或有隐性负债不能忽视，尤其要加强管理避免道德风险的产生。

6. 及时披露客观的政府债务信息。向社会披露客观的政府债务信息，包括直接显性债务、或有债务和隐性债务信息，政府管理者为民理财有义务向社会披露这些信息，这也是“民主理财”的具体体现，是社会的要求。披露客观的政府债务信息，还具有以下方面的意义：

（1）及时披露客观的政府债务信息，可让政府的监督机构（如中国的各级人民代表大会、审计部门）、媒体、公众、投资者、信用评级机构能较全面地了解政府债务信息，可以起到约束政府管理者的行为的作用，使之符合前述的债务管理的目标。当政府当前过度举债、或者过度隐藏债务转移到未来从而导致未来风险较大时，上述机关、部门会采取相应行动，比如，各级人民代表大会拒绝批准预算及相关计划、审计机关提出应对风险的审计意见；媒体和公众的批评，投资者撤资或拒绝投资政府债券，评级机构降低政府的信用评级等，这样迫使政府管理层的行为趋于理性、符合公众的利益，而不是盲目或过度冒险增加债务。

（2）披露客观的政府债务信息，便于信用评级机构对政府进行信用评级，从而吸引更多的公众投资者，降低融资成本。政府债务管理的重要目的是以低成本融资，要实现这一目的，一方面，政府的债务风险必须保持在适度范围内，才便于提高信用评级，才能实现融资成本低；如果债务比例过高，风险高，信用评级就低，融资成本就高，而且可能难以筹集到资金。另一方面，只有披露了客观的政府债务信息，信用评级机构才可能对政府债务进行信用评级。随着市场经济和资本市场的发展，政府举债是资本市场的构成内容，同样要受相关规则的约束。政府举债同样要求有信用评级，这样对投资者负责任，同时有利于资本市场的健康发展。

（3）披露客观的政府债务信息制度，反过来又可促使政府管理者加强债务管理，规避债务风险。由于债务管理的结果被披露，则政府的费用或支出、债务（包括隐性的与或有的）就无处隐藏，财政机会主义自然就会减少，政府债务风险就会降低。

总之，地方政府债务管理是影响国民经济、地方经济健康发展的一个重要问题，它涉及面广、受许多因素影响，因此，它又是一个复杂而又有难度的问题。本书主要从政府会计的角度来阐述如何进行管理以实现地方政府债务管理的目标。

第二节
政府会计基本理论

一、政府会计概念的界定

（一）会计概念

会计是人类社会发展到一定历史阶段的产物，它是由社会发展而产生的对经济管理的需要而产生的，并随着社会的发展而发展并不断完善。会计已经成为当今社会经济生活中的重要因素。

关于会计的定义，理论界有不同的观点。在中国，最有代理性的观点是“管理活动论”和“信息系统论”。杨纪琬教授和阎达五教授在20世纪80年代初创立了“管理活动论”，他们认为，会计是指“对各单位的经济业务进行核算与分析，做出预测，参与决策，实行监督，旨在提高经济效益的一项具有反映和控制职能的经济管理活动”[①]。这种观点认为会计是一项经济管理活动。会计应当为有关方面提供所需信息，提供信息

---

① 杨纪琬、娄尔行主编：《经济大辞典·会计卷》，上海辞书出版社1991年版，第1页。

是一种手段，而控制、管理才是真正目的。一个企业、单位甚至国家是因为管理而需要信息。会计是人们从事管理的一种活动，本身就具有管理的职能。“信息系统论”是20世纪80年代初主要由余绪缨教授从国外引进并加以发展而来的。余绪缨教授认为：“会计，是旨在提高微观经济效益，加强经济管理而在企业（单位）范围内建立的一个以提供财务信息为主的经济信息系统。”① 这种观点认为，会计的主要目标是提供信息，并强调经济信息在现代经济管理中的重要性。这两种观点在我国的会计实践中都产生了重大而深远的影响。“管理活动论”提高了会计工作人员的地位并促进了会计职能的发展；“信息系统论”则让人们认识到会计提供的信息是经济管理、决策所必需的，会计信息也是一种越来越重要的资源。随着会计实践的发展，以及人们的认识的不断深化，“管理活动论”和“信息系统论”这两种观点被认为只是双方观察问题的角度和强调的内容有所不同而已，其实质并没有多大差异。人们一般都认为，在企业中，会计管理是企业管理的重要组成部分；在政府中，会计是政府管理的重要组成部分；在会计管理工作中，其基本目标是为有关各方提供所需的会计信息；并通过财务会计报告向相关各方提供会计信息。会计从取得原始经济数据到提供财务会计报告是一个完整的系统，从这一角度看，会计又是一个经济管理

① 葛家澍：《会计的基本概念》，经济科学出版社1986年版，第106页。

的信息系统。

因此，会计可以定义为，会计是以货币为主要计量单位，对一定会计主体（企业、事业、机关、团体等单位）的经济活动进行全面、综合、连续、系统地反映和监督，为有关各方提供信息的一种经济管理活动。

会计的职能是指会计在管理经济过程中所具有的功能。它会随着社会经济的发展、经济管理水平的提高等而变化，它的内容可以是多方面的，但它的基本职能是反映和监督。会计的反映职能，也称核算职能，是指会计以货币为主要计量单位，通过确认、计量、报告等环节，反映会计主体（单位）一定时期的财务状况、经营结果和现金流量状况，为有关各方提供会计信息。会计核算是会计工作的核心和重点。会计的监督职能，是指按照一定的目的和要求，对会计主体的经济活动进行控制、调节等，使之达到预期目标的功能。这两项职能相互联系，对经济活动进行会计核算的过程，也是实行会计监督的过程。会计核算是会计监督的基础，会计监督又是会计核算质量的保障。

会计按其主体的运营性质不同，可以分为营利组织会计与政府会计和非营利组织会计。其中政府是指各级政府。

（二）政府会计定义

政府会计是会计体系的一个组成部分，对它有不同的称谓，常用的有“公共会计”、“公共部门会计”和“政府会计”。关于政府会计的定义，学者们有不同的观点。

美国财政学家 B. J. 理德与约翰·W. 斯韦恩将政府会计定义为：“公共部门会计是指对在预算执行阶段发生的财政行为进行记录。在该阶段形成的记录—实际收入和实际支出的标准，形成了下一轮预算编制阶段估计收入和支出，对预算执行结果进行决算和评估以及预算执行过程中财政决策的基础。”① 他们还指出政府会计“可以理解为记录和报告财务信息”。②

美国政府会计专家陈立齐教授认为：“政府会计是政府的财务计量和报告体系。在不同的政治和经济体制下，政府的构造不同，发挥的作用也不同。”“会计制度的环境影响政府公布财务信息的动机，也影响潜在使用者对这些信息的需求。”③

在中国，目前正在探讨建立政府会计体系。中国一直实施的是预算会计，预算会计是记录、计量和报告预算执行过程中发生的财政交易与事项。预算会计是政府会计的重要内容或核心内容。中国学者王雍君将政府会计定义为：“用以对公共部门的财政交易或事项进行记

① B. J. 理德、约翰·W. 斯韦恩著，朱萍、蒋洪译：《公共财政管理》（第2版），中国财政经济出版社 2001 年版，第 16 页。

② B. J. 理德、约翰·W. 斯韦恩著，朱萍、蒋洪译：《公共财政管理》（第2版），中国财政经济出版社 2001 年版，第 20 页。

③ ［美］陈立齐著，陈穗红、石英华译：《美国政府会计准则研究》，中国财政经济出版社 2009 年版，第 8 页。

录与计量，并将记录的结果报告给公共信息使用者的信息系统。”他还指出：“会计的本质是提供信息，从企业会计到政府会计莫不如此。作为一个信息系统，政府会计通过向信息使用者提供相关、可靠和及时的信息，来满足其制定和改进决策、管理、受托责任和其他需要。”①

邢俊英教授将政府会计定义为：“政府会计是对政府财政交易或事项进行确认、计量、记录和报告，提供决策有用信息、全面反映政府受托责任的一种信息系统。”并认为：“确认、计量、记录和报告反映了政府会计核算的主要环节；而提供决策有用信息、全面反映政府受托责任体现了政府会计目标；政府会计作为一个信息系统同时也是一个控制系统。”②

由上述分析可以得出学者们关于政府会计的共同点：政府会计是对政府财政交易或事项的确认、计量和报告；通过政府会计报告给使用者提供信息，政府会计是一个信息系统；政府会计行为本身也是一种管理活动，有监督、控制功能。

二、政府会计的职能

政府会计具有前述会计的基本职能，即反映和监督

---

① 王雍君：《政府预算会计问题研究》，经济科学出版社 2004 年版，第 15 页。

② 邢俊英：《基于政府负债风险控制的中国政府会计改革研究》，中国财政经济出版社 2007 年版，第 71 页。

职能，随着社会的发展，环境的变化，其职能也要发展和变化。政府会计的职能主要有以下方面：

1. 反映职能。反映职能也称核算职能，是指会计以货币为主要计量单位，通过确认、计量、报告等环节，反映政府一定时期的收入、支出、债务、资产、净值等情况，为有关各方提供会计信息。B. J. 理德和约翰·W. 斯韦恩在《公共财政管理》一书中指出："会计在公共财政管理中是十分重要的，因为当制定涉及资金的决策时，会计系统是为公共组织提供相关财务信息的主要来源。""会计系统提供的信息使人们能够制定财务计划。计划通常是建立在将来与过去相似的假设基础上的。例如，预算就是基于以前年度经验的计划，而这些经验记录在会计系统中。"①

2. 监督职能。监督职能也称控制职能，是指按照一定的目的和要求，对政府的经济活动进行控制、调节等，使之达到预期目标的功能。会计人员根据国家有关方针、政策、法律法规等监督政府的各项经济活动是否合法；根据经济管理的要求等监督政府的各项经济活动是否合理、有效。比如，预算会计系统中记录了预算拨款及其拨款使用情况的信息，这为有关部门监控预算执行过程提供信息，可以通过这些信息了解预算执行过程中是否有违规、违法情况存在，以便及时采取管理措

① B. J. 理德、约翰·W. 斯韦恩著，朱萍、蒋洪译：《公共财政管理》（第2版），中国财政经济出版社2001年版，第20页。

施。B. J. 理德和约翰·W·斯韦恩在《公共财政管理》一书中强调政府会计控制职能的重要性，“可以说会计系统是为公共财政管理的控制、管理以及计划目的服务的。公共会计重视控制。预算支出信息（即某个单位可以在什么项目上花费多少资金）被纳入了会计系统，从而控制支出。”[①] 在会计系统中不仅反映某个项目可以花费多少资金，而且也反映已经花费了多少还可花费多少资金，这样可防止不当开支。可见会计的控制职能的重要性。

3. 管理财政风险职能。目前许多国家、地方政府从事有风险的财政活动，比如，政府举借大量债务，政府会计应及时提供债务相关信息，以便于及时防范政府债务风险。正如王雍君所指出：“如果这些能够在会计系统中加以记录或报告，管理财政风险就会变得十分有利，因为正是这些前瞻性信息对于管理财政风险最有价值，正是这类信息允许管理者或决策者对‘坏结果’采取预防性行动。”[②]

三、政府会计目标

政府会计目标是政府会计管理系统的起点和终点，它影响着政府会计理论的研究和会计实践，因此，它是

① B. J. 理德、约翰 . W. 斯韦恩著，朱萍、蒋洪译：《公共财政管理》（第 2 版），中国财政经济出版社 2001 年版，第 20 页。

② 王雍君：《政府预算会计问题研究》，经济科学出版社 2004 年版 ，第 5 页。

一个非常重要的问题。政府会计目标受其环境影响并适应环境的需要。政府作为一个会计主体，它的收入（资源）来源主要是纳税人缴纳的税款，除此之外，还有政府发行公债等方式举债获得的收入等；政府对收入的使用主要是向公众提供公共产品，如公共安全、基础教育、公共道路等。会计要对这些事项记录并报告。政府会计功能的有效发挥是实现政府会计目标的基础。政府会计要实现的目标主要包括以下几方面：

1. 客观地、如实地反映政府的财务状况包括净值情况和现金流量状况。政府会计应客观地、如实地、及时地反映政府的财务状况，比如，政府的资产（资源）、债务、净值情况，收入、支出情况，现金流入量、流出量及净流量等情况，为财务报告使用者提供及时、有用、相关信息。也就是通常所说的提高政府信息透明度。政府是非营利单位，没有企业的利润指标，相对应的指标是净值指标。这一目标是政府会计的基本目标，也是政府会计基本职能中的反映职能的体现，是实现其他目标的基础。

2. 反映政府受托责任的履行情况。社会公众既是政府资源的主要提供者，也是政府提供公共服务的接受者，因此，公众与政府之间体现了最根本的受托代理责任。公众通过财务报告可以了解政府资源取得和使用情况，并评价政府的财务状况和业务活动的运行结果。由于政府资源的来源和使用具有公共性的特点，对其来源和使用需用法定预算方法进行约束，以确保公共目标的实现。政府会计中的预算会计，通过记录法定预算和预算的实际执行情况，通过两者的比较，从而评价政府的财务受托责任的履行情况，其中还可以了解预算执行的合规性情况。通过财务报告的进一步的分析，在评价政府受托责任的履行情况的基础上，还可以对政府业绩进行评价。政府会计要向立法机关（中国为各级人民代表大会）提供财政预决算情况，人大监督政府的受托责任及其履行情况，还有合法性方面的情况。还有审计机构也在参与监督政府的行为，对政府及其各部门的财政收支的真实、合法和效益，依法进行审计。审计机构通过审查政府财务报告对预算执行情况和政府财务收支的合法性和效益性做出评价。这样以保持政府行为合法并顺利履行受托责任。

3. 为财务报告使用者提供决策有用信息。

（1）为管理部门进行相关决策提供信息。管理部门主要是指公共财政管理部门。国际新公共管理运动的核心理念是用企业管理理论、方法和技术来管理公共部门，提高公共管理绩效。企业会计、财务管理方面有些理论与方法可以借鉴到政府领域，来提高政府财务管理水平。比如，通过政府会计提供有关政府的资产、负债情况，通过资产与负债的对比分析，可了解政府的偿债能力，及时防范财政风险；通过收入、费用的核算，可以评价政府绩效；在此基础上，可有助于有针对性地提出提高政府绩效的对策。

（2）为投资者提供决策有用信息。政府通过资本市场筹集资金，采用发行债券或贷款等方式举债，主要用于公共投资项目。投资者出于投资的安全性及收益性，必须了解政府的总体财务状况，尤其是偿债能力。因此，政府财务报告所提供的信息应当如实反映政府的财务状况，比如政府所拥有的经济资源、债务情况，现金流量情况等，从而有助于现在的投资者或潜在的投资者正确、合理地评价政府的偿债能力等，投资者在此基础上做出理性的投资决策。随着市场经济、资本市场的发展，政府举债规模越大，投资者投资风险理念的增强，这方面的信息需求就越多，要求也越高。

四、政府会计的会计基础

会计基础是指决定交易或事项何时确认、计量和报告的会计原则。会计基础主要有收付实现制和权责发生制。会计基础是会计中一个特别重要的问题。政府会计采用的会计基础不同，会使政府会计提供的信息内容、范围、金额等会存在明显差异，从而影响政府会计的功能等。由于经济全球化，企业在国内外投资和融资越来越多，为了促使这种趋势深化发展，国际上的企业会计都采用权责发生制，以保障会计信息的一致性。而政府会计采用的会计基础，世界各国政府、各地方政府并不统一，有的采取权责发生制，有的采取收付实现制，甚至还有其他方式，但发展趋势是采取权责发生制。

1. 收付实现制的内容及特点。收付实现制，又称为“现金制”或“现金基础”，它是以收到或支付现金作为确认收入和支出等的依据，也就是只有在收到或支出现金时，才对各项交易或事项予以确认，对非现金交易或事项不予以确认。在这一会计基础下，政府支出只包括实际支付现金的部分，不包括那些当期实际已发生但尚未用现金支付的支出或债务。在这一会计基础下的政府会计（简称“现金制会计”），操作难度小，相对易于理解，会计信息可靠性好；特别有助于公共部门预算控制和确保现金不超支这一目标的实现，也就是这种方法有助于对政府预算进行合规性控制。但它的局限性也是明显的：（1）不能全面反映政府的债务信息，会计信息不全面、不完整，不利于防范财政风险。现金制会计由于只反映现金交易信息，使那些当期实际已经发生了因没有支付现金的重大事项而不被反映，未支付的债务也不反映，这使政府的债务被“隐藏”起来了，不能真实反映政府的财务状况，反而有美化其财务状况的成分，这样不利于管理者及时采取措施防范财政风险。（2）不能提供产品和服务的成本和费用信息，不利于提高政府管理效率和绩效考核。政府在提供公共产品和服务时，现金制会计只记录了当期已支付的费用，对于已经发生应计入成本而未实际支付的费用、提前已支付应计入当期成本的费用，当期都不反映，由于费用的发生与支付在时间上存在不一致，这样使会计上反映的当期公共产品和服务的成本和费用不是当期产品和服务所支付的真正代价，这不利于提高政府管理效率和进行绩效考核。(3) 易被政府支出机构操纵现金收付时间，造成会计信息不真实。“现金制下，现金收或未收，付或未付，将直接影响政府收入的多少，费用的高低。若是要有意识地影响政府收入和费用，人为地提早或延迟现金收付时间将是一个简单而有效的方法。”[①]这种人为地提早或延迟现金收付时间并不改变政府收入和费用的实际情况，而只是会计数据变了，因此，造成会计信息不真实。

2. 权责发生制的内容与特点。权责发生制，也称应计制，它是以交易或事项是否实际发生作为确认收入和支出等的依据。在权责发生制下，凡是政府当期已经实现的收入和已经发生或应当负担的费用，无论款项是否收付，都应当确认为当期的收入和费用；凡是不属于当期的收入和费用，即使款项已在当期收入或付出，也不应当确认为当期的收入和费用，这有利于提供的产品和服务的完全成本信息；在确认收入和费用的同时，也就确认了资产和负债的变化，可以比较全面、完整地反映一些长期项目的债务信息，这样使会计信息相对完整、可信，与决策的相关性强。在这一基础下，政府实际发生的费用或支出，无论是否支出现金，都得作为费用和支出处理，这样使费用和支出不能向未来转移，会计数据就能较为客观地反映政府当期的财务状况，会在

---

① 徐志、杨柳：“我国政府会计核算基础问题研究”，《预算管理与会计》2007 年第 2 期。

一定程度上约束财政机会主义，也在一定程度上抑制未来债务风险的累积。但这一会计基础也有局限性，主要有：它的难度要大一些，对交易和事项的会计确认有时较难，需要会计人员进行职业判断，它的正确运用要求管理者素质相对高一些；会计信息的可靠性差一些。

第三节 地方政府债务管理与政府会计的关系

政府会计包括的内容很多，如资产、负债、收入、支出等。本书主要涉及政府会计中的地方政府债务及其相关问题。

一、地方政府债务决定政府会计中负债的核算内容

负债是政府会计中的重要会计要素。会计要素是对会计对象进行的基本分类，是会计核算对象的具体化，是用于反映会计主体——政府实体的财务状况和结余情况的基本单位。政府会计通过会计要素，据以建立合理的会计科目体系和会计报表体系，对其进行确认、计量、记录和报告，以满足会计上分类核算和提供各种别类的会计信息的需要，同时通过财务报告的方式即汇总各个会计要素的情况，以清晰地反映政府的财务状况和结余。由此可见，会计是采用特定的会计方法对客体进

行反映，客体决定会计反映的内容。因此，地方政府债务的具体内容决定政府会计中的负债这一要素要反映的内容，会计应根据地方政府债务的特点采取科学的方法，对地方政府债务进行确认、计量、记录和报告，全面、客观、及时地反映地方政府债务的情况。

前面已对地方政府债务这一概念进行过界定，地方政府债务的基本定义为：由地方政府主体承担的现时义务，该义务将导致未来的资源流出。政府债务与企业债务相比，范围更广、涵盖的内容更多。地方政府的债务不仅包括合同、法律所约定或规定的负债，还要包括合同、法律没有约定或规定的负债，这是由政府的职能所决定的，政府还要承担政治上和道义上的责任而形成的负债。因此，政府会计中的负债的核算比企业会计中的负债的核算要复杂得多。前面已对地方政府债务进行了分类，即分为四类，即：直接显性债务、直接隐性债务、或有显性债务和或有隐性债务。政府会计可根据这四类债务的性质与特点，采取合理的方法对它们确认、计量和报告，以客观地反映这四类债务以及总体债务情况。

会计要对地方政府负债进行确认。地方政府债务债务的难点在于政府义务的范围广泛，界限有时不太清晰。其中，直接显性债务的确认难度不大，类似于企业负债的确认原理；或有显性债务相对直接显性债务的确认难度大一些，有些内容被隐藏起来；或有显性债务的确认相对较难，因为这类债务是否导致政府未来资源流出取决于某些事项的发生与不发生，某些事项的发生具有不确定性；最难确认的债务是或有隐性债务，由于这一债务，使之产生的事件不确定，事件发生后政府参考的程度以及承担的义务都不确定。

会计要对地方政府债务进行计量。会计不仅要对地方政府债务确认，而且还要计量，以核算政府债务的规模。地方政府债务的计量也不是件容易的事，计量难易程度与上述确认的难易程度相似。直接显性债务计量较容易，中国现在政府债务中只确认和计量这一债务；最难计量的是或有隐性债务。

会计还要对地方政府债务情况进行报告，也就是通常所说的披露，让报告使用者能了解地方政府债务及其相关信息。一般原则是，已作为负债确认并计量的债务，要列报在财务报表（如资产负债表）中；没有确认或计量的项目，在财务报表附注中披露，或者以其他方式披露相关内容。

二、政府会计为地方政府债务管理提供信息

要对地方政府债务进行有效的管理，必须了解其具体情况，而这些信息由政府会计来提供。美国政府会计专家陈立齐（2009）就政府会计的重要性指出："政府会计体系实际上是'政府的神经系统'，因为会计是政府财政管理的核心和控制中心。""好的政府会计体系至少保证财政账目的准确性；更好的政府会计体系指引

决策者和管理者去事前关注有问题的领域；最佳的政府会计体系为决策提供有用信息。”①

1. 政府会计为地方政府债务管理提供基本数据。前述地方政府债务管理的总目标是：控制风险，使政府保持适当的短期偿债能力和长期偿债能力。地方政府保持适当的短期偿债能力，是保障地方财政稳定性的前提与基础；地方政府保持适当的长期偿债能力，是保障地方财政可持续性的前提与基础，因此，政府控制债务风险对当地经济的稳定与发展尤其重要。要保持适当的短期偿债能力和长期偿债能力，必须了解政府的短期债务、长期债务的规模有多大，债务结构情况等，好的政府会计能及时、完整地提供这些数据。

2. 政府会计为地方政府债务风险状况的评估提供数据。前述要对政府债务风险进行控制，通过风险指标的计算来评估风险程度，在此基础上采取相应防范措施。风险指标，比如常用的指标：债务负担率、债务依存度、债务偿债率、资产负债率等，这些指标的计算，都是基于政府债务这一重要数据，而政府会计正是记录了这些债务信息。

关于地方政府债务风险的状况，可通过刘尚希（2004）提出的四个层次的分析来评估：

“第一个层次，政府债务与公共资源存量的对比分

---

① ［美］陈立齐著，陈穗红、石英华译：《美国政府会计准则研究》，中国财政经济出版社2009年版，第134、135页。

析。通过这一层次的分析，可发现财政风险是扩散还是收敛。如果具有扩散的特征，则进入第二层次的分析。

第二个层次，政府债务与公共资源流量的对比分析。通过这一层次的分析，可发现财政风险扩散的程度。如果扩散的程度很大，即超出了现有的财政能力，则进入第三个层次的分析。

第三个层次，政府债务与经济总规模的对比分析。通过这一层次的分析，可发现财政风险是否处于可控的范围之内。这可以通过分析公共债务对总规模变动的敏感性来测试。如果财政风险处于失控的境地，用现有的经济资源难以解决问题，则进入第四个层次的分析。

第四个层次，政府债务与政府无形资产的对比分析。通过这一层次的分析，可发现财政风险是否演变为政治危机和社会危机。”①

上述层次的风险评估，要做到有效评估，必须了解地方政府债务情况，而债务信息是由政府会计提供。

因此，政府会计提供的债务信息的客观性、及时性、全面性，是准确评估地方政府债务风险的前提和基础。

3. 政府会计能给地方政府债务管理提供前瞻性信息，有利于防范债务风险。要对债务风险进行防范，则

---

① 刘尚希：《财政风险及其防范问题研究》，经济科学出版社 2004 年版，第 69、70 页。

在风险未发生时进行，否则就没有意义。要防范，则要了解债务的相关信息，而这些信息要由政府会计提供。世界银行高级经济学家马骏（2003）指出，政府会计信息对防范财政风险的重要性："在许多国家，由于财政报表不能完整地反映政府财政活动，一些地方政府不知不觉地陷入了危机。等他们意识到危机逼近时，问题已经到了十分严重的程度，以致无法在短期内采用任何财政调整措施（如增加税收和削减公共服务）来避免危机。""一个健全的地方政府财政报告制度是预警系统有效运作的前提。这是因为，任何有用的风险指标必须基于可靠的和有足够覆盖面的财政数据。"①

王雍君（2004）指出，政府会计提供前瞻性信息对于防范债务风险的重要性在于："管理财政风险都要求管理者能够及时获得前瞻性的会计信息，特别是关于'支出义务'（承诺）、'应计支出'、负债和或有负债的信息。""由于缺乏预先的鉴别和控制机制，当决策者或管理者发现并试图控制已经降临的风险时，一切都为时已晚。而在此之前，政府对于自己承受的财政风险及其变化情况，一般讲是不了解的，尽管这些风险意味着政府随时都有可能遭受巨大损失。之所以如此，部分原因在于传统的政府会计、预算和报告均采用现金制基础。现金制虽然在有些方面有其优势，但却无法在财政

---

① Hana Polackova Brixi 、马骏主编，梅鸿译/校：《财政风险管理：新理念与国际经验》，中国财政经济出版社 2003 年版，第 260 页。

风险发生的时候就确认和计量风险，而此时正是控制财政风险的最佳时机。若错失这一时机，一旦潜在的财政风险转化为现实的损失，政府就无法控制了。”①

由此可见，政府会计提供债务风险管理所需的前瞻性信息，是防范地方政府债务风险的前提。

三、政府会计职能的发挥就是地方政府债务管理的重要内容

政府会计基本职能之一是，反映或称核算，通过对地方政府债务进行核算等，提供及时、完整、客观的地方政府债务信息，以满足政府管理者和决策者具体进行债务管理的需要。而这种反映职能本身就是一种管理活动，杨纪琬教授早在20世纪80年代就指出了会计是一种管理活动。从管理学的角度看，政府会计这种通过核算等提供信息，也是债务管理的重要内容。周三多、陈传明（2000）给管理下的定义：“管理是指组织中的如下活动或过程：通过信息获取、决策、计划、组织、领导、控制和创新等职能的发挥来分配、协调包括人力资源在内的一切可以调用的资源，以实现单独的个人无法实现的目标。”② 信息获取是管理的一种职能，是一种基础职能。政府会计提供的信息是经济管理、决策所必

① 王雍君：《政府预算会计问题研究》，经济科学出版社2004年版，第108、109页。

② 周三多、陈传明：《管理学》，高等教育出版社2000版，第4页。

需的，会计信息是一种越来越重要的资源。会计从取得原始经济数据到提供财务会计报告是一个完整的系统，从这一角度看，会计又是一个经济管理的信息系统。政府会计提供的债务信息越及时、越全面、越客观，就越有利于地方政府债务管理目标的实现，及时防范或化解政府债务风险。所以，政府会计的核算职能是政府债务管理的基础职能，是基础管理工作，这一工作的好坏影响政府债务管理整体工作，从而影响政府债务管理目标的实现。

政府会计的控制职能，是地方政府债务管理的重要职能，对实现管理目标具有重要意义。会计的控制职能，是指对会计主体的经济活动进行控制、调节等，使之达到预期目标的功能。比如，通过核算及时了解各类政府债务的到期日，及时筹资，可避免偿付风险；会计人员根据国家有关方针、政策、法律法规等监督地方政府的各项举债行为是否合法，从而促使政府依法举债；根据经济管理的要求等监督地方政府的各项举债活动是否合理、有效，从而有利于提高举债资金的使用效率；通过债务的核算，会计人员相对其他人员更了解未来有风险的债务项目，可对那些未来风险较大的项目，建立相关的风险储备基金，以做到未雨绸缪，等等。因此，政府会计的控制职能的发挥能对债务管理起重要作用。

四、地方政府债务管理对政府会计的影响

政府会计是为政府管理服务的，政府会计提供的债务信息是为政府债务管理服务的，因此，政府会计要服从于政府债务管理的要求。随着社会经济的发展，地方政府债务情况的变化很大，地方政府债务管理的目标和要求也在变，对政府会计的要求越来越高，政府会计要适应政府债务管理的客观需要。

1. 地方政府债务管理要求债务核算采用权责发生制。随着地方政府债务规模的越来越大，要求及时地了解政府债务的完整情况，以及时防范地方政府风险显得越来越重要。对政府债务的核算采用权责发生制这一会计基础可以满足这一要求。

政府会计的核算基础一般有收付实现制和权责发生制。在收付实现制下，费用和负债以是否发生现金收支作为确认和计量的标准。这样政府实际发生了费用或支出，只要没有支出现金，就不作为费用和支出处理，这实际上只是现金支出往后移了。在这种会计基础下，政府支出机构可以操纵现金收付时间进行调控，来达到减少政府当期的支出和负债数额的目的；将相当部分支出转移到了以后期间，当届政府不对未来期间的支出和负债负责，就没必要去掌握有关未来债务风险的相关信息。因此，这些债务风险会累积到未来的政府，会使政府承受很大债务风险。因此，收付实现制这一会计基础

的运用在一定程度上促使了政府债务风险的累积，不能有效地约束财政机会主义的产生。

权责发生制是一种重要会计基础。在权责发生制这一会计基础下，政府实际发生的费用或支出，无论是否支出现金，都得作为费用或支出和债务处理，这样使费用和支出不能向未来转移，可避免隐性债务藏而不露，使官员（管理者）难以将其自身承担的成本转嫁给继任者。这样，会计数据能较为客观地反映政府当期的财务状况，会在一定程度上约束财政机会主义，也在一定程度上抑制未来债务风险的累积。

负债采用权责发生制为基础进行核算，“确认”在负债发生时，会确定“应计支出”这样一些负债信息，通常早于现金的流出和流入，相对收付实现制更能全面地反映债务情况。比如，对于政府当期应付的借款利息，尽管本期尚未支付，但由于本期已受益，就应作为应付利息。因此，根据权责发生制确认的债务信息是前瞻性信息，便于管理者及时防范债务风险。

因此，加强地方政府债务管理，应采用适当的会计基础，权责发生制是一种较好的基础。

2. 隐性负债风险管理要求政府提供隐性负债相关信息。隐性负债是构成地方政府财政风险的重要因素，因此加强隐性负债风险的管理已成为各国学者和管理者的共识。地方政府的隐性债务，主要是所辖地区公共投资项目未来的维护性支出、未来公共养老金、医疗和其他社会保障的支出缺口等，这些支出责任在未来要由政府承担的，其中，尤其要特别重视的是未来公共养老金支出缺口，随着人口结构的老化，要由政府负担的金额会是巨大的，会成为影响地区财政稳定性的最主要的问题。因此，政府会计要提供这些隐性负债的相关会计信息，可以采用一定方法核算未来应支付的成本，以便于管理者及时采取应对措施，以保证地区性财政可持续性。

3. 或有负债风险管理要求政府提供或有负债相关信息。或有负债也是影响地方政府债务风险的重要因素，加强或有负债风险的管理已是地方政府债务管理的重要工作。这部分负债主要是地方政府为公共部门和企业的债务和其他责任提供的担保。担保责任成为影响地区财政风险的又一重要因素。由于经济的发展，需要担保的企业越来越多，由于竞争的激烈，担保的风险越来越大，政府因此而承担的债务可能巨大，使政府未来公共支出需求增加，使政府存在更大的债务风险。因此，加强或有负债风险管理就显得尤其重要，政府会计应该提供或有负债的相关会计信息，比如，总的或有负债情况，采用一定方法预计未来将要承担的支出金额等。对于政府担保，可以引入以风险加权计算担保成本的办法，这种做法还可以减少将担保视为“无成本融资法”的短期政府行为。这些信息的提供可以使管理者对未来政府债务状况有及时、客观的了解，不会因或有负债信息被隐藏而盲目乐观，以便于管理者及时采取应对措施，防范或有负债风险。

4. 实现低成本融资要求政府会计给投资者、信用评级机构提供相关信息。地方政府债务管理的重要目的是以低成本融资，要实现这一目标，必须披露客观的政府债务信息。随着市场经济和资本市场的发展，政府举债是资本市场的构成内容，同样要受相关规则的约束。政府举债同样要求有信用评级，一方面，好的信用评级有利于降低融资成本；另一方面，投资者只有了解政府债务状况，才会理性投资。因此，政府会计应及时、全面地披露地方政府财务状况、债务情况等会计信息，以便于信用评级机构对政府进行信用评级，从而吸引更多的公众投资者，降低融资成本；同时也有利于资本市场的健康发展。

5. 政府会计要为中央政府提供关于地方政府债务管理的信息。由于地方政府债务状况影响整个国家财政、金融状况，地方政府债务风险最终可以转嫁给中央政府，因此，中央政府也要重视并加强对地方政府的债务管理，防范风险，以保障国民经济稳定健康发展。中央政府必须了解地方政府债务情况、风险情况等；各级政府债务情况是完整、准确评估国家财政风险的基础。因此，政府会计必须给中央政府提供关于地方政府债务的相关会计信息。

综上所述，政府会计与地方政府债务管理关系非常密切，政府会计是地方政府债务管理的基础与前提，政府会计提供债务信息的及时性、全面性、完整性影响着地方债务管理的绩效，影响着地方政府债务风险管理水平，从而影响着地方财政的短期稳定性、长期可持续性，影响着地方经济的稳定和发展，最后，还会影响到中央财政的稳定性与可持续性、经济社会的稳定与发展。地方政府债务管理的发展要求政府会计进行相应的变革，以适应地方政府债务管理的需要，并促进政府会计的发展。两者相互联系、相互发展。

第三章

中国地方政府债务管理现状

中国目前政府权力分为五级，即中央、省、市、县和乡（镇）五级政府，除中央政府之外，省、市、县和乡（镇）级政府称为地方政府。财政级次相应地也分为五级。除中央财政之外，省、市、县和乡（镇）级财政称为地方财政。长期以来，中国法律法规明确规定地方政府不得举债，但实际上地方政府通过多种变通方式具有很强的举债能力，地方政府举债是普遍存在的。而这些债务都不反映在地方政府预算上，地方政府到底借了多少债，可以说目前没有一个部门能够说明中国地方政府债务的总规模以及具体构成，更缺乏权威部门公布的数据。同时，中央政府、各级政府由于缺乏统一的信息来源渠道，就缺乏对地方政府债务的集中管理与统一的管理措施。本章重点阐述中国当前地方政府债务的现状及其存在原因，重点进行地方政府债务管理方面存在问题的分析。

第一节 中国地方政府债务的发展历程

中国地方政府举债可以追溯到中华人民共和国建立之前的新民主主义革命时期，即革命根据地的举债；期间经历了较曲折的发展过程。总的说来，中国地方政府债务，过去举债规模小、举债方式简单；而目前其规模大、举债方式复杂、内容也相当复杂，带来的风险也越来越大，因此，地方政府债务管理成为当前的理论界、实践界重点关注的问题。

一、革命根据地举债情况

在中国长期的新民主主义革命时期，中国共产党领导全国广大人民在长期革命战斗中建立了许多革命根据地，由于革命根据地巩固的需要以及革命战争的经费的需要，各根据地人民政府除了征税和接受爱国人士捐款外，还开展了举债活动——发行公债（地方债券），先后发行了数十种地方债券。通过发行这些债券筹集的资金，在支援革命战争、发展根据地的经济建设事业、赈灾救灾和开展公益事业等方面起了非常重要的作用。

二、新中国成立后地方政府举债情况

（一）1980年以前的情况

新中国成立时，中国已经历过数十年的内外战争，整个国民经济已处于崩溃状态。为了安定社会、迅速恢复和发展经济，1949年12月2日中央人民政府决定1950年发行一批折实公债——人民胜利折实公债来解决财政赤字，并于1949年12月16日颁布了《1950年第一期人民胜利折实公债条例》，条例规定按照当时各大行政区城市的多寡大小、人口多少及政治经济情况分配。这一债券的募集与还本付息，均以实物为计算标准。第一期人民胜利折实公债于1950年1~3月发行了第一期，此批公债于1956年11月30日全部清偿完毕。发行这一公债实现了预定的目标。

在完成了新中国成立初期的国民经济的恢复任务后，中国进入了有计划的大规模经济建设时期，为了满足地方建设的资金需要，1958年4月2日中共中央作出《关于发行地方公债的决定》，决定从1959年起，全国性的公债停止发行，而允许各省、自治区、直辖市在确有必要的时候，发行地方建设公债。实际上，1959年后，只有安徽、黑龙江等少数几个省份自行发行了少量的地方经济建设公债。后来受“左”的思想影响，对政府举债这一行为进行否定，从1959年至1980年之间没有发行国内公债，当然包括没有发行地方债券。1969年5月11日《人民日报》宣布中国成为世界上第一个既无内债又无外债的国家。

（二）1980年以后至现在的情况

中国政府从1981年开始恢复内债发行，即开始以发行国债的方式筹集财政收入。20世纪80年代末至90年代初，许多地方政府为筹集资金建桥修路，曾经发行过地方债券。因对地方政府承诺的偿还能力有所怀疑，1993年被国务院制止。此后，1994年3月22日颁布并于1995年1月1日施行的《中华人民共和国预算法》（以下简称《预算法》）第二十八条中明确规定：“地方各级预算按照量入为出、收支平衡的原则编制，不列赤字。除法律和国务院另有规定外，地方政府不得发行地方政府债券。”但是随着中国经济和各项社会事业快速发展，工业化与城镇化进程的加快导致地方建设性融资需求快速增长，地方政府迫切需要解决基础设施建设中面临的资金短缺问题，于是出现了“准地方政府债券”，即各地方政府利用其拥有或能够施加影响的“平台”企业，以企业名义发行企业债券而实际上用于市政建设。如1999年上海城市建设投资开发公司发行5亿元浦东建设债券，名义上是公司债券，实际上所筹资金则用于上海地铁建设。中央政府为了替地方政府解决地方基础设施资金短缺问题，1998 年开始发行长期建设国债，其中部分由中央财政转贷给地方政府，成为地方政府发债的一种变通形式。2009 年开始，财政部代理发行地方政府债券。2009 年 2 月 18 日，财政部出台了《2009 年地方政府债券预算管理办法》，经国务院批准同意，中国财政部代理发行 2000 亿元的 2009 年地方政府债券。

近年来，中国地方政府除上述的以企业名义发行企业债券而实际用于市政建设、财政部发行的国债转贷给地方政府以及财政部代理发行地方政府债券而举债外，它们还利用拥有或能够施加影响的“平台”企业，以企业名义向金融机构大量借款，地方政府通过这种方式从金融机构进行的融资数额巨大，而这些借款名义上是企业借款，其实质是地方政府的债务，这些债务的具体规模及构成没有机构进行统一核算，因此，中国宏观管理对此进行管理缺乏相关数据。但大家都认为其规模巨大，可能会对将来地方财政、中央财政以及整个国民经济产生重大影响，需要加强这部分地方债务管理。地方债务和地方融资平台的风险问题已被纳入中央调控范围，吴邦国委员长在 2010 年 3 月 9 日在第十一届全国人民代表大会第三次会议上所作的《全国人民代表大会常务委员会工作报告》中指出：“针对存在的一些项目前期工作不扎实、配套资金不够落实、地方债务风险、进展不平衡以及个别地方滥铺摊子等突出问题，……要牢固树立过紧日子的思想，坚持量力而行、勤俭办一切事业，反对铺张浪费，力戒滥铺摊子，不要做表面文章。……严格执行法律法规和财经纪律，加大对重点财政收支领域的监管力度，规范预算编制与执行，防范财政风险。”① 由此可见，地方政府债务风险问题已被重点关注。

由此可见，中国地方政府举债行为的产生，受其客观需要以及人们对地方政府举债的认识的影响。而目前中国地方政府债务情况非常复杂，除上述的债务外，还存在各种形式的债务——隐性债务、或有债务，如提供担保可能产生的或有债务等，了解中国地方政府债务总的规模及其具体构成以及形成的原因，是加强其管理、防范债务风险的重要前提。

第二节　中国地方政府债务的现状

进入工业化和城镇化进程加快的时代之后，中国各级政府作为社会管理者和经济管理者，一方面要承担社会变革带来的社会成本；另一方面还需要承担大量的经济建设任务等。各级政府在履行其职能时，不仅需要以预算、税

---

① 吴邦国：“全国人民代表大会常务委员会工作报告——2010 年 3 月 9 日在第十一届全国人民代表大会第三次会议上”，《人民日报》2010 年 3 月 18 日。

收等财政手段来调节和优化资源配置，公平社会分配，还需要以举债、担保等信用形式按市场化的原则进行融资和投资。同时，社会发生的其他事件，如自然灾害、环境保护、国有企业破产等方面，最终都需要政府来处理，从而形成政府支出。这些事件的发生，有些是难以预见的，形成政府的或有负债。总体而言，中国目前地方政府债务的规模与日俱增，债务构成也越来越复杂。

一、地方政府债务的分类

针对中国的实际情况，以 Hana Polackova Brixi 博士的政府债务分类为指导，将地方政府债务分类为如下类别，如表 3－1 所示。

表 3－1　　地方政府债务表

债务	直接（任何情况下都会产生的责任）	或有（基于某一特定事件的发生而产生的责任）
显性（由法律或合同确认的地方政府债务）	• 各级地方政府的协议借款和发行的债券（国债转贷、财政部代理发行的地方政府债券） • 法定的应支未支支出 • 法定的公务员养老金	• 对下级政府债务的担保 • 对公共部门和私人部门实体债务提供的担保 • 对政策性贷款（学生贷款、农业贷款和中小企业贷款）担保 • 对私人投资提供的担保 • 政府保险计划（对存款、农作物、自然灾害保险等）

续表

隐性（地方政府“道义”上的责任，以及公众预期）	• 公共投资项目的未来的资本性和经常性支出 • 非法定的未来公共养老金 • 非法定的其他社会保障计划 • 非法定的未来医疗保障	• 下级政府对未担保债务的违约 • 公共或私人实体对未担保的负债以及其他负债违约 • 地方银行破产（超出保险范围之外） • 地方金融企业不良资产 • 未担保的养老基金、失业保险基金和其他社会保障基金（针对小投资者的社会保护）的投资失败 • 环境的破坏、自然灾害等等

注：本表参考了李萍、许宏才、李承的《地方政府债务管理：国际比较与借鉴》（中国财政经济出版社 2009 年版，第 9 ~ 11 页）一书中政府债务矩阵的内容，向该书作者致谢。

根据表 3 - 1 内容可见，中国地方政府债务也可分为直接显性债务、直接隐性债务、或有显性债务和或有隐性债务。

二、地方政府债务的具体内容

（一）直接显性债务

直接显性债务是指根据法律或合同的规定，由地方政府直接举借或明确承诺偿付的债务。这类债务的主要内容包括：协议借款和发行的债券、《预算法》规定的应支未支支出、法定的公务员养老金等。

1. 发行的债券。当前中国地方经济正迅速发展，城镇化、工业化正在不断推进，相应的基础设施建设等方面需要大量资金，地方政府需要承担地方基础设施项目建设的责任。根据政府收入和支出匹配的原则，政府日常性支出一般由税收等经常性收入来满足，而基础设施建设等资本性项目则通常由债务收入等长期性收入来满足。因此，地方政府为了满足地方基础设施项目的资金需要，需要进行债务融资。而中国1995年1月1日开始一直实施的《中华人民共和国预算法》规定地方政府收支平衡，不列赤字，也可以认为不能向金融机构借款，也不能直接发行地方政府债券。地方政府为解决基础设施项目建设中面临的资金短缺问题，目前采取发行债券进行融资的情况主要有：

(1)“准地方债券”。“准地方债券”是指同政府有密切关系的企业或下属部门发行债券，其所筹款项用于市政建设项目。这种债券以项目产生的收益作为还款资金，形式上是企业债券，实质上是一种准地方政府债券。比如，1999年4月济南市自来水公司发行1.5亿元供水建设债券，所筹资金用于济南市自来水设施项目建设[①]。要说明的是，中国这部分债券所形成的地方政府债务，因名义是企业债券并不反映和统计为地方政府的直接显性债务。

（2）中央政府发行的长期建设国债再转贷给地方政府。地方政府发行债券另一变通方式，是中央政府发行长期建设国债，再转贷给地方政府，称为国债项目，并且要求地方对争取的国债项目提供配套资金。比如，1999～2002 年中央财政发行的长期建设国债中有部分是转贷给地方政府的，在 1999 年“年初原定 500 亿元长期建设国债发行规模的基础上，增加发行 600 亿元长期国债，中央、地方仍各占一半”；“2002 年继续发行长期建设国债 1 500 亿元，其中，1 250 亿元列入中央预算，其余 250 亿元转贷地方使用。”[②]

（3）代发的地方政府债券。地方政府发行债券的变通方式是中央政府代地方政府发行债券，即财政部代理发行地方政府债券。中国财政部已代理发行 2 000 亿元的 2009 年地方政府债券。2010 年财政部“继续代发地方债 2 000 亿元并纳入地方财政预算”[③]。

上述后两种情况的债券，属于名符其实的直接显性地方政府债务。

---

① 中华人民共和国财政部预算司编：《财政部代理发行 2009 年地方政府债券问题解答》，中国财政经济出版社 2009 年版，第 38 页。

② 谢旭人主编：《中国财政改革三十年》，中国财政经济出版社 2008 年版，第 475、476 页。

③ 温家宝：“政府工作报告——2010 年 3 月 5 日在第十一届全国人民代表大会第三次会议上”，《人民日报》2010 年 3 月 16 日。

2. 协议借款。协议借款的内容，由于中国《预算法》规定，地方政府不能向商业银行直接借款，上面已提到，地方政府接受国债转贷项目，需要提供配套资金，地方政府会通过间接变通方式筹集到所需资金，只因形式上不是地方政府直接融资，所以，这部分债务也不反映为直接显性债务。中国地方政府为了本地经济的发展，争取前述的国债项目，而国债项目的配套资金要地方政府筹集；除国债项目外，地方政府还为当地的一些公共项目进行财政性融资，这两部分融资，政府按《预算法》规定都不能向银行借款，也不能发行债券。实际生活中采用的变通办法，一般是为某一公益性项目（一般是市政设施建设项目）先成立一个专门性的公司，如城建公司、交通投资公司或交通指挥部等，由这些公司向银行贷款（一般由另外一个有政府背景的公司提供担保），其还款的资金来源为相关的收益及财政拨款；或者是以地方信托投资公司名义融资。这种融资方式称为"地方政府融资平台"融资。地方政府会通过间接变通方式筹集到所需资金，这部分融资其实质是政府直接显性债务，只因形式上不是地方政府直接融资的，所以，这部分债务也不反映为直接显性债务。因不符合相关法规的规定，在中国实际经济工作中被"隐藏"起来，政府会计中对此不计量也不报告，在实务中可将其归为直接隐性债务。这部分内容在下一节详细阐述。

3. 法定的应支未支支出。法定的应支未支支出，主要包括地方政府欠发的行政事业单位职工工资、未弥补政策性亏损和乡（镇）政府负债等。

欠发工资而形成的债务，是指地方政府欠发行政事业单位职工工资而形成的债务。中国有部分县、乡（镇）政府难以做到及时发放行政事业单位职工工资，据粗略统计，“截至2001年11底，全国县乡共拖欠行政事业单位职工工资230余亿元，其中当年新增长122亿元，占同期应发工资总额的6.5%。”[①] 这部分债务是地方政府应支付而未支付而形成的债务，是政府的直接显性债务；而目前中国预算会计采用收付实现制会计基础，只有实际支付的工资才算支出，地方政府拖欠的工资没有进行核算和报告，在实际上构成了中国地方政府的隐性债务。到目前为止，全国地方政府欠发的行政事业单位职工工资有多大规模，中国目前的政府会计由于采用收付实现制，没有相关信息。

未弥补政策性亏损，主要是指粮食企业在收购和流通中形成的亏损挂账。政府为了农民的利益，粮价保持在相对较高的价格范围内，一般情况是提高粮食收购价格；而政府为了城镇居民的利益，粮价长期基本不涨，这样造成长期的粮价倒挂，因此而形成的亏损由于政府财力的不足没有及时弥补，亏损挂账累积越来越多。这是地方政府应支付而未支付而形成的债务，是政府的直

① 财政部会计准则委员会编：《政府绩效评价与政府会计》，大连出版社2005年版，第507、508页。

接显性债务。

乡（镇）政府债务。乡（镇）财政困难、借债过日子是中国乡（镇）政府普遍的财务状况。中国《预算法》不准地方政府搞赤字财政，从账面上看乡（镇）财政没有赤字，而实际上普遍是赤字财政。“根据财政部财政科学研究所苏明研究员的（2001 年 6 月）测算，当时我国乡镇和村两级债务大约为 3 259 亿元，其中乡镇债务为 1 776 亿元，村级债务为 1 483 亿元。”[①] 目前中国乡镇政府到底有多少债务没有权威部门公布较为准确的数据，中国目前的政府会计也不完整核算这一债务情况。

4. 法定的公务员养老金。中国对达到退休年龄的政府雇员给予领取养老金的法定权利，这种法定权利将会构成未来政府的支出项目，即政府要承担这部分未来的法定责任。因此，地方政府所承担的法定养老金应当列为直接显性债务。而目前中国预算会计采用收付实现制会计基础，只有实际支付的才算支出，地方政府没有对这部分法定养老金进行核算和报告，实际上构成了中国地方政府的隐性债务。

目前中国地方政府实际上是负债运营，或称地方赤字财政，其形成的原因一般可归为以下四方面：（1）1994年分税制改革后，各级政府间财政收入和支出责任的划分不对称，“财权上收，事权下移”，导致

① 刘尚希：《财政风险及其防范问题研究》，经济科学出版社 2004 年版，第 75 页。

地方政府财力偏紧。实施分税制后，地方政府的财源主要是收入不稳定、税源分散、征收难度大、征收成本高的中小税种；地方政府越是底层，可共享的税种越少；2006年农业税被取消后，县乡（镇）政府的财源更少了，其财政状况更窘迫。（2）地方政府机构膨胀，冗员过多。（3）地方企业效益不好，地方政府收入减少。（4）地方政府基础设施项目等投资增加，也包括一些政绩工程的投资。一般情况下，地方政府适度投资基础设施项目是合理的，如果是纯粹的“政绩工程”投资的行为，应该被制止。

（二）直接隐性债务

直接隐性债务主要包括公共投资项目的未来的资本性和经常性支出和非法定的其他社会保障计划等。通常情况下，这类支出的发生比较确定，所以属于直接债务；尽管这些未来的支出不是法定的支出，地方政府往往出于社会道义、公平等的考虑而承担这类债务。

公共投资项目的未来的资本性支出。地方政府为了本地经济的发展，会为当地未来的一些公共项目的建设融资，形成未来的资本性支出，成为地方政府的直接隐性债务。公共投资项目的未来的经常性支出，是指公共投资项目建成后，为维持正常运营，还需要进行必要的维护和修理等，相应会发生相关方面的支出。当地政府出于公众期望并对公众尽责的考虑，会承担其支出责任，从而形成直接隐性债务。

法律没有规定的未来公共养老金、未来医疗保障和其他社会保障计划。中国现行的现收现付的养老金政策使其出现支出缺口，由于经济、社会和政治的因素，地方政府不得不给予补贴；没有法定责任的未来公共养老金以及未来医疗保障和其他社会保障计划支出缺口，也会因道义与政治因素，都是中国地方政府未来必须承担的支出责任。

中国地方政府近几年实际支付的社会保障和就业支出、医疗卫生支出如表 3 - 2 所示。

表 3 - 2　　中国地方政府社会保障和就业支出、医疗卫生支出情况表

项目	2006 年	2007 年		2008 年	
		本年数	增长率（%）	本年数	增长率(%)
社会保障和就业支出（亿元） 其中：财政对社会保险基金补助	2 784.77	5 104.53	83.30	6 460.01 1 599.03	26.56
医疗卫生支出(亿元) 其中：医疗保障支出	1 296	1 955.75	50.91	2 710.26 1 417.90	38.58

资料来源：作者根据 2006 年、2007 年和 2008 年的地方财政支出决算表（来自中华人民共和国财政部网站）整理而来。

说明：2006 年和 2007 年的地方财政支出决算表中没有关于社会保障支出、医疗卫生支出方面的分类信息；2008 年地方财政支出决算表有上述表 3 - 2 中的分类信息。

由表 3 - 2 可看出，中国地方政府实际承担的社会保障和就业支出、医疗卫生（主要包括医疗保障）支出在逐年增加。随着中国人口的老龄化，要由地方政府承担的未来社会保障和医疗保障等支出的数额还会越来越大。

上述这些直接隐性债务实际上是中国地方政府要承担的未来明确的公共责任，是连续性政府必须承担的债务，是影响中国地方政府财政的长期稳定、经济社会可持续发展的重要因素。因此，要重视地方政府的这类直接隐性债务。

（三）或有显性债务

或有显性债务，是指在某一特定事件发生的情况下，中国地方政府需要承担的法定责任。这类债务主要是指地方政府提供的担保和承诺的项目。政府承诺接受未来事件而定的或有责任等同于隐性补助。其主要内容包括以下方面：

1. 地方政府对其公共部门和私人部门实体债务提供的担保。地方政府对其公共部门和私人部门实体债务提供的担保，当被担保方无法偿还借款时，政府以全部或部分地承担借款责任。主要包括以下内容：

（1）间接担保的外债。地方企事业单位使用国外贷款，一般分为两种情况：一种是地方政府财政部门委托国内银行转贷给企业或项目单位；另一种是国内银行经政府部门授权作借款人，将贷款转贷给项目单位，银行作为债务人负责还款。由于主权外债是凭借国家信誉取得的，其实质是政府作为担保取得的，因此，当使用贷款的单位发生偿还困难时，必须由地方政府偿还。所以，这一间接担保的外债就成为中国地方政府的或有显性债务。

（2）政府各种国内融资的担保。这种担保又主要分为以下几种情况：

①政府为以地方信托投资公司名义融资，项目公司如城建公司、交通投资公司、项目指挥部等名义融资等提供的担保。通过这种担保方式筹集到地方基础设施项目建设等所需资金。

②政府为私人投资提供的贷款担保。地方的公共投资项目，一般投资额大、周期长，具有外部正效应，属于市场失灵的领域，私人因风险较大不愿投资，或因投资额巨大无力投资。地方政府为吸引私人资本投资于这些公共投资项目，由地方政府为那些在公共项目的私人投资提供贷款担保。

③政府为中小企业提供的贷款担保。中国中小企业的发展对地方经济的发展起着重要作用，如提供就业机会、提供税收收入等；然而由于中小企业应对风险的能力低、提供的会计信息质量不高等原因，中国中小企业融资难的问题一直存在。地方政府给中小企业贷款提供担保则可以弥补这一缺陷，能使中国社会资源配置到中小企业中，从而促进中小企业的发展、有利于保持地区经济持续稳定发展。

④政府对政策性贷款提供的担保。政府性贷款，如学生助学贷款、农业贷款等这类贷款，由于自身的收益

率较低或者风险较高，金融机构不愿意提供；而这类贷款对于维护社会公平、稳定环境具有重要意义。在这种情况下，中国地方政府为上述政策性贷款提供担保，以维护社会公平与稳定，以实现其政策目标。

2. 政府保险计划。政府保险计划主要包括政府对存款、私人养老基金最低收益、农作物和自然灾害等提供的保险。中国政府在这些方面的保险计划还处于开始或准备阶段。

目前中国地方政府提供的各类融资担保规模应该很大，除有上述的有效作用外，还有如下原因：担保这种方式可让地方政府当期用有限的财力提供了更多的社会服务，会使当期政府的绩效更好一些；因为地方政府通过担保的方式提供了社会服务，而当期政府不用承担现金支出，相对于直接的政府现金支出，当期政府用有限的收入做了更多的事情，从而体现当期政府的更好的绩效；担保可能承担的责任要在未来才能体现出来。这类债务可能会给中国地方政府财政未来带来风险，而且还可能存在被担保方的道德风险，可能会给地方经济长期稳定的发展带来不利影响。由此可见，地方政府适度提供担保，有利于当地财政、经济稳定、可持续发展；担保规模过大，会给当地财政、经济可持续发展带来不利影响，甚至带来巨大风险。因此，应加强这类债务的管理，这类债务的规模应得到有效控制。然而，中国目前政府会计中对这类债务不确认也不披露，社会上没有权威部门公布担保规模方面的数据，大家认识到有加强管理的必要，但加强其管理并没有进到实质性阶段。

（四）或有隐性债务

这类债务是指地方政府没有提供担保和承诺的项目，这些项目如果发生危机，很可能引发社会问题，为了社会的安定与发展，政府被迫介入而承担责任。这类债务产生的事件是不确定的，政府承担的支出责任也难以预计，将其归为或有隐性债务。这类债务主要包括：（1）地方金融机构出现危机而地方政府被迫提供援助。地方商业银行面临破产时通常会对该地区经济造成严重损害，政府为了确保金融体系的运行，政府被迫给予援助。（2）国有企业或大型私有企业的未保险损失、未担保债务和责任的违约，地方政府对其进行补偿，以维护社会的稳定。（3）自然灾害的救助、为保护环境而发生的支出等，也成为政府的重要或有隐性债务。

中国地方政府近几年实际支付的环境保护支出如表3-3所示。

表3-3 中国地方政府环境保护支出情况表

项目	2006年	2007年		2008年	
		本年数	增长率（%）	本年数	增长率（%）
环境保护支出（亿元）	161.24	961.23	496	1 385.15	44.10

资料来源：作者根据2006年、2007年和2008年的地方财政支出决算表（来自中华人民共和国财政部网站）整理而来。

说明：2006年的环境保护支出数额包括环境保护支出和城市水资源建设支出。

由表 3－3 可看出，中国地方政府实际承担的环境保护支出在逐年增加，而且以较大规模与较大比率增长。中国地方政府一直注重发展地方经济，对于环境保护，有些地区相对不够重视；中国目前面临着因发展经济而带来的环境被严重破坏和自然灾害频发的现实，未来需要花在环境保护方面的支出将越来越大，这是地方政府巨大的隐性负债。

以上的或有隐性债务是地方政府出于承担道义上的支出责任，为了维护社会安定，政府不得不给予人道主义援助，即承担最后支付人角色的支出。这类债务有时是政府最严重的财政风险影响因素。

然而，中国现行的《财政总预算会计制度》将政府债务定义为："负债是一级财政所能以货币计量，需以资产偿付的债务。包括应付暂收款项、按法定程序及核定的预算举借的债务、借入财政周转金等。"按这一标准定义的地方政府债务可以认为只相当于上述直接显性债务中的一部分，而现实的地方政府债务比这一定义的内容却要丰富得多。

第三节 地方政府融资平台中的债务

近年来，中国地方政府规避法律约束，利用"地方政府融资平台”举债盛行，有些地区财政风险凸显，尤其是2009年，地方政府利用这一方式实现的债务规模剧增，让管理层始料未及，举国关注。“地方政府融资平台”隐藏的各种潜在风险已成为不争的事实，地方政府债务和地方融资平台的风险问题已进入中央调控的视野。温家宝总理曾在2010年1月19日召开的国务院第四次全体会议上指出：“尽快制定规范地方融资平台的措施，防范潜在财政风险。”在2010年3月召开的第十一届全国人民代表大会第三次会议上，温家宝总理在《政府工作报告》中又指出：“切实加强政府性债务管理，增强内外部约束力，有效防范和化解潜在财政风险。”[①] 由此可见，“地方政府融资平台”是地方政府债务管理中迫切需要重点规范并加强管理的内容。

一、地方政府融资平台产生的背景及其发展

前面已阐述过，中国改革开放30多年以来，地方经济和各项社会事业快速发展，工业化与城镇化进程的加快导致地方建设性融资需求快速增长，而1995年1月1日起开始至现在一直施行的现行的《中华人民共和国预算法》明确规定地方政府财政要收支平衡，不打赤字，不得发行地方政府债券，尽管2009年已出台

① 温家宝：“政府工作报告——2010年3月5日在第十一届全国人民代表大会第三次会议上”，《人民日报》2010年3月16日。

了有关财政部代理发行地方政府债券的相关规定，但因此而融资的规模是受严格限制的；2009 年财政部代理发行地方政府债券 2 000 亿元，但这与所需差距太大；1995 年 10 月 1 日起开始至现在一直施行的现行的《中华人民共和国担保法》明确规定国家行政机关不得对外提供担保；财政部因此要求各级地方财政不得对外提供担保。这样，地方政府为基础设施项目直接举债的行为被禁止了，于是，地方政府便寻找新的方式进行融资，即主要利用“地方政府融资平台”融资。

所谓“地方政府融资平台”，主要是指地方政府为了融资用于城市基础设施的投资建设，所组建的各种不同类型的公司，如被称为“城投公司”、“城市建设投资集团（公司）”等，这些公司重点将融入的资金投入市政建设、公用事业等项目中。这些政府融资平台公司，由政府筹划、组建设立并直接或间接出资，通过划拨土地、股权、国债等资产，迅速包装出一个资产和现金流均可达到融资标准的公司，必要时再辅之以财政补贴作为还款的承诺，主要负责人一般由政府或相关部门领导担任，受政府委托融资，从事开发、建设等任务；这些公司名义上为独立法人，实际为政府附属单位，多数公司本身不具有自偿能力，依赖财政拨款等偿还贷款。因此，政府融资平台公司贷款的实质就是地方政府负债。

“地方政府融资平台”产生于 1991 年。当时，国务院进行新一轮政府投融资体制改革，要求地方政府不再直接负责基础设施建设，而是将此类建设活动公司化。上海市率先成立“地方政府融资平台”，被称为“城投公司”，之后，重庆、广东等省市也相继成立。

下面以重庆市“地方政府融资平台”为例，来了解“地方政府融资平台”的具体运行，见专栏3－1。

专栏3－1　重庆市“地方政府融资平台”运行情况

重庆市领导层基于城市基础设施、公共工程建设不能全靠财政直接投入的认识，着意培育和壮大相应的投融资主体。为此，前些年相继组建了重庆市城市建设投资公司、重庆市开发投资有限公司、重庆市地产集团、重庆市水务控股（集团）有限公司、重庆高速公路发展有限公司、重庆交通旅游集团、重庆市水利投资集团、重庆能源投资集团等八大建设性投资集团。

2002年，为了充实八大投融资平台的资本金，重庆市采取了“五大注入”措施：一是国债注入，即把分散到全市各区县200多亿元的几百个国债项目的资金所有权统一收上来，并按项目性质归口注入相应的投资集团。二是规费注入，即将路桥费、养路费、部分城市维护费等作为财政专项分别归口注入投资集团。三是土地集团收益权注入，即重庆市政府赋予部分投资集团土地储备功能，并将土地增值部分作为对投资集团的资本金注入。四是存量资产注入，即将重庆市过去几十年形成的上百亿元存量资产，比如路桥、隧道、水厂等，划拨给相应的投资集团，从而成为投资集团的固定资产。五是税收返还，即通过对基础设施、公共设施投资实施施工营业税等方面的税收优惠，将其作为资本金返还给投资集团。“五大注入”总体上给八大投资集团带来了700多亿元的资本金，并且先后获得银行2 500多亿元授信额度和1 000多亿元实际贷款，发挥了可观的再融资平台功能。

为了防止可能出现的债务风险、信贷风险和经营风险，重庆市通过“三不原则”和“三大平衡”等保障措施来规范八大投资集团良性运行。

“三不原则”：一是重庆财政决不为投资集团作担保，使政企之间保持严格界限，防止财政债务危机。二是投资集团之间不能互相担保，避免出现连环灾难。三是财政拨付给各投资集团专项资金的使用范围受财政掌控，必须专款专用，不准交叉使用、互相挪用。

“三大平衡”：一是八大投资集团的资产负债率要控制在50%左右，实现净资产与负债的平衡。二是八大投资集团必须保证现金需求和供给的基本平衡，实现现金流的良性周转。三是各投资集团在接受政府部门下达的具体投资建设任务时，要坚持经济规律和市场原则，必须要有特定的盈利模式以保证投放与产出平衡。

对于投资集团投资的公共设施建设项目出现暂时亏损的，重庆市政府的解决方式也有三个：其一，在相应时间内调整收费标准，“以时间换空间”弥补损失；其二，以政府补助和收费提高相结合，确保投融资集团的利益；其三，以投融资集团经营性收入弥补公益性亏损。

以重庆市城市建设投资公司为例来进一步了解该类公司的资金运行：（1）筹资。该公司主要承担主城区大量道路、桥梁建设、旧城改造项目的投融资及建设任务，需要大量融资。成立之初，重庆市政府采取“五大注入”措施等注入资本金，成为具有较高信用的投资公司，再向银行贷款来获得建设资金；在成立之后运行中，由于该公司的公共设施项目的外部性效益，政府为改善其财务结构，每年在财政预算中，安排了税费的返还。（2）资金使用。该公司运用筹集的资金用于主城区大量道路、桥梁建设、旧城改造项目的投融资及建设任务，曾创下一年开工修建五座大桥的奇迹。（3）债务偿还。由于修桥，铺路等使基础设施完善与成熟，使生地变成熟地，土地价值增加；公司再利用储备土地的增值来偿还投资债务。重庆市城市建设投资公司董事长华渝生认为：“公司履行政府指令性计划，政府给予合理的资源配置，同时，通过有效市场运作，实现储备地的保值增值，来偿还投资债务，这就形成一种良性循环。”

由此可见，这类公司偿债来源大多是建立在土地价格上涨预期基础之上。但是如果地价下跌，土地出让困难，还款就会发生困难，地方政府就必须动用其他方式来偿还贷款，可能隐藏着风险。

这八大集团的总资产规模，已由2002年成立之初的200多亿元上升到2007年底的2300多亿元，其在重庆市基础设施建设领域的投融资能力相当可观。重庆市地方性融资平台建设适应了贯彻政府发展战略的需要，已有值得重视的较为成功的运作实践，被世界银行称为“重庆国有投资集团模式”。

资料来源：贾康、孟艳：“运用长期建设国债资金规范和创新地方融资平台的可行思路探讨”，《理论前沿》2009年第8期；吴红缨：“全国城投负债已达六万亿 偿债来源多数依赖土地”，《21世纪经济报道》2010年3月20日。

“地方政府融资平台”的真正繁荣始于2008年下半年，国务院于2008年11月出台“国十条”、推出4万亿元的一揽子投资计划后，地方政府被要求配套筹集1.2万亿~1.3万亿元资金。2009年3月，中国人民银行和中国银监会联合下发的《关于进一步加强信贷结构调整促进国民经济平稳较快发展的指导意见》要求，各金融机构要“优先保证手续齐全、符合项目开工和建设条件的中央投资项目所需配套信贷资金及时落实到位”；“支持有条件的地方政府组建投融资平台，发行企业债、中期票据等融资工具，拓宽中央政府投资项目的配套资金融资渠道。”各家商业银行也纷纷高调宣布积极支持国家重点项目和基础设施建设。因此，以“城市建设投资集团”等为名的政府融资平台迅速增加，由省市到县城，由城市基础建设行业发展到其他各行各业，规模由小到大。地方政府的融资能力正在通过这种平台加速膨胀。据报道，“据测算，目前我国地方融资平台负债已高达6万亿元，其中有80%是通过银行信贷获得的资金。”[①]

二、地方政府融资平台的功能与存在的风险

（一）地方政府融资平台的功能

客观地说，地方政府融资平台的构建，在“保增长、调结构、促改革、惠民生”中已经发挥了重要的作用。在全球金融危机的背景下，中国经济受到巨大冲击，为防止经济出现大幅下滑，2008年11月国家出台“大规模增加政府投资，实施总额4万亿元的两年投资计划”，作为4万亿元巨额投资计划的配套，地方政府通过其融资平台迅速筹集大量资金，加大了对重点基础设施的投资建设，使中国低迷的经济形势较快地发生了转变；同时，地方政府利用这些平台迅速启动了内需，使一些曾因出口减少而减产或停产的国内的企业恢复了

① 李丽辉：“财经新指标三问”，《人民日报》2010年3月22日。

生产，增加了就业。在这一点上，人们已经达成了共识。贾康、孟艳（2009）也认为，规范的地方融资平台的构建是有积极意义的，“构建出来的较规范的地方融资平台，有利于促进国家投融资体系改革，满足地方政府的融资需求，提高国债资金的使用效率，促进储蓄向投资的转化和优化相关机制。”①

（二）地方政府融资平台存在的风险

然而，随着地方政府融资平台信贷的激增，地方政府过度融资、大额授信的风险逐渐暴露出来。其风险可以归纳为以下方面：

1. 债务的违约风险。地方政府融资平台最主要的风险是债务的违约风险。由于融资平台主要的作用是为政府融资，通常以政府划拨的土地、股权作为资产，在融资中更多地依靠政府的财政进行担保，造成了地方融资平台的高负债率。这类公司一般都缺少突出的主营业务收入和充足的现金流量，一般主要依靠当地的土地和税收的地方政府财政收入来偿还债务；如果依靠土地和税收的地方政府财政收入出现大幅下滑，则会直接威胁地方财政偿付能力，导致融资平台难以履行其偿债的义务。一旦不能偿还到期债务，使政府形象遭受损害，同时会影响地方财政、经济的稳定与可持续发展。

---

① 贾康、孟艳：“运用长期建设国债资金规范和创新地方融资平台的可行思路探讨”，《理论前沿》2009 年第 8 期。

2. 银行信贷风险。银行在与这些平台合作过程中，存在着信息不对称。在中国当前的预算会计体系下，银行很难较准确掌握地方政府融资或负债总量，预测融资平台的还款能力非常困难，现实中存在过度信任这些平台的偿债能力等现象，使银行资金面临较大的风险。由于政府融资平台获得的银行贷款，80% 以上是项目贷款，而这些项目，绝大多数都是道路等基础设施建设、政府工程项目、公共设施等，没有直接的收益。从目前地方财政的实际情况来看，主要通过土地运作，即提高卖地地价来偿还。但是，由于土地管理越来越严格，土地供应越来越紧张，可能难以满足偿债的需要，很多融资平台已出现了不能偿还到期银行债务的问题，使银行可能形成大量不良资产，从而可能形成银行信贷风险。这说明已隐藏了很大的风险。

3. 社会稳定风险。地方政府融资平台的资产，绝大多数都是政府通过“画圈”注入的土地资产。这类公司的经营模式，以经营土地为核心，即通过举债进行地区基础设施的建设与完善，来提高土地价格，通过卖地来偿还债务。在地价不断上涨的情况下，这一运作模式不会产生问题；但如果情况发生变化，土地价格不上涨、土地转让出现问题，则就会出现资金短缺；一旦资金链断裂，就会面临征地补偿不到位、拆迁资金不到位的问题，从而就会产生严重的社会不稳定因素；还会使银行贷款不能按期偿还，这会使银行产生大量不良资产，从而也会使得社会经济不稳定。而且，地方政府为了保证融资平台畅通，就需要以各种理由来托住或推高房价，地方政府这种依靠推高土地价格增加财政收入，从而使房地产市场不能够按照市场内在性需求进行调整，长期下去则房地产市场泡沫不可避免；同时也是导致目前中国房地产价格上涨的重要原因之一，如果房地产价格上涨得不到有效抑制，也会引发社会不稳定。

由此可见，地方政府融资平台的过度举债，可能会给中国经济带来巨大风险，因此，要加强地方政府融资平台及其债务管理，防范风险。

三、摸清地方政府“债务家底”是管理的基础与前提

真实、全面、详细的地方政府融资平台的融资信息是进行风险管理的基础与前提，否则这些债务是看不见摸不着的，很难去控制风险。大家都认为，在 2009 年，地方政府融资平台融资规模巨大、已是过度融资，将会出现偿付风险等。事实上，1994 年分税制改革后，地方政府负债问题已经逐渐积累到了一个很严重的程度，前一节内容中有所阐述；地方政府对其银行贷款的这类隐性债务的数字讳莫如深，不少官员都不希望真实债务情况被披露，这使中国地方政府真实债务情况难以被掌握。地方政府融资平台的融资规模有多大，具体构成是什么等这样的真实情况，到目前为止，官方却始终未能正式公布公开确切数据。没有真实的地方政府融资平台

的融资信息，对其风险的管理与控制就会针对性差、难以达到有效管理的目的。目前有关这方面的相关数据只见一些报刊引用的一些大致估计数，下面有几条相关信息：

《每日经济新闻》（2009 年 10 月 16 日）报道："地方政府负债率节节上升，还债能力令人质疑。据财政部财政科学研究所的一份报告估算，截至 2007 年年底，中国地方政府债务余额约为 4 万亿元左右，占当年地方政府财政收入（不含土地出让金收入）的 143.7%。而据央行最新统计数据，全国有 3 800 多家地方融资机构，管理总资产 8 万亿元，地方政府的负债已达 5 万亿元，负债规模急剧扩大。"

《中国证券报》（2010 年 3 月 17 日）报道："央行的调研结果显示，截至 2009 年 5 月末，全国共有政府投融资平台 3 800 家，总资产近 9 万亿元，负债升至 5.26 万亿元，平均资产负债率约为 60%。其中，很多地方融资平台没有固定的收入来源。这 5.26 万亿元的负债相当于 2009 年全国 GDP 的 15.7%，相当于 2009 年全国财政收入的 76.8%，地方本级财政收入的 161.35%。""中金公司研究报告预计，2009 年末，地方政府融资平台贷款余额（不含票据）约为 7.2 万亿元，其中 2009 年净新增约 3 万亿元。预计 2010 年和 2011 年后续贷款约为 2 万～3 万亿元，2011 年底达到约 10 万亿元。报告称，2009 年底主要上市银行地方政府融资平台贷款约占贷款总额的 10%，国开行和地方性金融机构占比相对较高。10万亿元的地方政府负债约占中国2009年GDP的三分之一，相当于中国外汇储备的70%。”

《人民日报》（2010年3月22日）报道：“据测算，目前我国地方融资平台负债已高达6万亿元，其中有80%是通过银行信贷获得的资金。”

小结：要弄清地方政府融资平台存在的风险，先得弄清楚其债务究竟处在何种水平，是否具有偿还能力。因此，本书努力从会计的角度，将中国地方政府债务信息真实地、全面、详细地进行记录与报告，为加强地方政府债务管理提供所需基础信息。

第四节 中国地方政府债务管理存在的问题及其成因

一、地方政府债务管理存在的主要问题

中国地方政府债务的规模与日俱增，构成越来越复杂，债务风险会越来越显现。地方政府债务管理存在的问题是多方面的，主要存在以下方面的问题。

1. 多头举债，重借轻还、债务规模大。长期以来，中国地方政府对政府债务缺乏统一规范的管理，各部门

各自举债，包括城建、交通、农业、文教等职能部门纷纷向银行借款，多头举债，借了用了、发展了再说；若偿还时有困难时，就推给财政，最后都由财政兜底。这样导致地方财政债务负担沉重，部分地区已经出现了债务危机的苗头。

2. 隐性债务、或有债务沉重。中国地方政府的隐性债务、或有债务总的规模有多大、具体构成情况，没有一个部门掌握全面系统的相关信息，但大家都认为规模不小，将给地方财政带来风险。比如，地方政府提供的各种形式的担保，规模肯定相当大，但没有各级政府的规模情况以及全国的总体信息，这隐藏着巨大的财政风险。

3. 债务信息不全面、不透明、不清晰。现行预算会计不能提供各级政府以及地方政府总的债务情况、具体构成等信息；现行预算会计记录和报告的信息只有直接显性债务中的一部分，更谈不上或有显性债务、直接隐性债务和或有隐性债务信息了。现行会计没有全面记录地方政府债务，就无全面信息可披露，则债务信息则就不会透明、不清晰了。

二、成因分析

形成上述问题的原因是多方面的，主要有以下几方面：

1. 环境因素。由环境因素导致地方政府债务规模扩大的原因主要有以下方面：其一，地方基础设施项目需要大量融资。改革开放30多年来，中国经济发展很快，地方政府在加速工业化、城镇化进程，因此导致了各级政府要承担大量的地区基础设施项目建设任务。在地方财力严重不足时，地方政府采取多种变通办法来融资，由此造成大量与政府相关联的债务。其二，分税制改革方面的因素。1994年分税制改革后，各级政府间财政收入和支出责任的划分不对称，“财权上收，事权下移”，导致地方政府财力偏紧而形成地方政府负债。其三，因社会保障体系的建立而产生的隐性负债。随着社会的发展、市场体系的建立，需要建立社会保障体系，因此而产生隐性负债。这是负债的产生和增加的客观原因，也可以说负债的产生和规模的扩大有其合理性。

2. 地方政府在工业化、城镇化过程中没有量力而行。地方工业化、城镇化的进程应该根据当地财力量力而行，要在可承受的范围内，即只能适度举债。然而，有些地方政府的管理者不考虑当地财政的承受能力，盲目举债，其结果债务规模越来越大，甚至出现偿债危机。

3. “政绩”评价与决策的风险责任机制因素。中国对地方政府政绩评价存在一些问题，如重产出、轻效率，即重视地区生产总值的增长率，重基础设施规模的增长等。本届政府为了实现良好的“政绩”，可以通过大量融资来搞各种项目建设，享有由此而带来的好处

——实物工程显示着具体的政绩，如基础环境好了等；而偿还债务的责任推给下一届政府；而每届政府都尽力地借款搞建设，偿还债务的责任再推给下一届政府，这样不断累积，地方政府债务规模越来越大，债务风险也就越来越大。

同时，中国的政府决策风险责任机制存在严重问题，对于地方政府投资的资本性项目，其决策者不受责任约束，对项目不承担风险责任。这种情况下，地方官员就想方设法筹集资金上项目，而对项目的可行性研究不重视，忽视项目的偿还能力，超过地区的实际承受能力盲目上项目。结果形成一些所谓的政绩工程、首长工程，而这些工程中出现大比例的亏损或破产，由此造成大量的损失，导致地方财政风险加大。

4. 道德风险因素。影响地方政府债务规模扩大、风险增加另一个重要因素是道德风险。道德风险主要包括以下方面：其一，来自下级政府方面的。在中国目前的财政体制下，要求各级地方政府财政不列赤字，自求平衡，但由于多种原因，下级政府出现正常收不抵支，上级政府出于各种压力往往会对其缺口部分给予适当弥补，这导致下级政府在控制支出和赤字方面不积极，当出现赤字时依赖上级政府的援助。其二，来自被担保方。被地方政府担保的担保方，如果偿还能力出现问题，则债务由地方政府代为偿还，这会对被担保方在加强债务风险管理、提高偿债能力方面产生一定的负面影响，被担保方会产生依赖地方政府替其偿还债务的心理，这不利于促使被担保方加强自身的债务风险管理，从而导致地方政府担保风险增加。其三，来自金融机构。目前，中国金融机构为有政府背景的单位提供了大量的贷款，这些有政府背景的单位，包括直接向银行贷款或者是以地方政府担保的方式向银行贷款，一旦这些单位出现风险不能及时偿还贷款时，金融机构认为：政府会替其偿还，银行即使因此而破产，地方政府或中央政府都会充当最终责任人。这会在一定程度上使金融机构放松对银行自身风险的管理，尤其是不太重视对有政府背景的单位贷款的风险管理，使坏账、银行危机等发生的概率提高，最后增加地方政府、甚至中央政府的财政风险。

5. 政府会计方面的因素。中国目前的政府会计没有对地方政府债务情况进行全面、系统、及时、详细的核算与报告，没有为地方债务管理提供所需会计信息；而且现行的政府会计与上述因素相互影响，对地方政府债务的形成与管理产生了一些不利影响。这方面的详细分析在下一章阐述。

影响中国地方政府债务管理的因素很多，其中，政府会计为其管理提供所需会计信息，是影响债务管理的最基础因素，也是最重要的因素之一。

第四章

中国地方政府债务管理中的政府会计：现状及存在的问题

为了实现对地方政府债务实施有效管理、控制债务风险，要求政府会计提供管理所需的债务相关信息。而目前中国没有真正意义上的政府会计，中国现行政府会计为预算会计，预算会计是政府会计的重要内容。现行的预算会计存在不少问题，不能为地方政府债务管理提供所需的基本信息，没有发挥对债务管理的有效作用。本章阐述中国现行预算会计对地方政府债务的确认、计量和报告的现状，重点分析其存在的主要问题以及对地方政府债务管理产生的影响。

第一节
中国现行政府会计体系

中国目前没有真正意义上的政府会计，只有预算会计，预算会计是政府会计的核心内容，在此暂将中国现行预算会计称为现行政府会计。中国正在研究建立自己的真正意义上的政府会计体系。

一、中国现行的预算会计体系

中国现行预算会计是核算、反映和监督政府预算执行情况的会计，是为国家预算管理服务的。它是以预算管理为中心，是国家财政预算管理的有机组成部分，是实现国家财政职能、执行国家预算的重要手段。现行预算会计体系由财政总预算会计、行政单位会计、事业单位会计以及参与预算执行的国库会计、税收征解会计和基本建设拨款会计等组成。财政总预算会计、行政单位会计、事业单位会计是中国现行预算会计体系的基本组成部分，其中，财政总预算会计是核心，行政单位会计和事业单位会计是总预算会计的延伸。

财政总预算会计是各级财政机关代表各级人民政府核算、反映和监督总预算的执行情况的会计。财政总预算会计的主体是各级政府，具体执行机构是各级政府的财政部门。财政总预算会计包括中央政府财政部设的中央总预算会计、省（自治区、直辖市）财政厅、局设的省总预算会计、市（自治州）财政局设的市（州）总预算会计、县（自治县、不设区的市、市辖区、旗）财政局设的县总预算会计和乡（镇）财政所设的乡（镇）总预算会计。财政总预算会计核算、反映和监督的对象是政府财政总预算资金及其运动，具体包括政府财政总预算收入、总预算支出、总预算结余，以及总预算资产、总预算负债和总预算净资产等。各级政府在取得财政总预算收入、发生财政总预算支出时形成财政总预算资产、总预算负债，财政总预算资产减去财政总预算负债为财政总预算净资产。财政总预算收入超过财政总预算支出的部分形成财政总预算结余。财政总预算结余是财政总预算净资产的重要组成部分。

行政单位会计是核算、反映和监督各级行政机关以及实行行政财务管理的其他机关、政党组织预算执行情况及其结果的专业会计。行政单位是进行国家行政管理、组织经济建设和文化建设、维护社会公共秩序的单位，其主要资金来源是财政对它们拨付或分配的预算资金。行政单位在从财政部门获得拨付预算资金时获得收入，在按经批准的部门预算使用财政资金时形成支出，在获得收入和发生支出过程中形成资产和负债。资产与负债的差额为净资产。

事业单位会计是核算、反映和监督事业单位预算执行情况及其结果的专业会计。中国事业单位一般是指不具有社会生产职能和国家管理职能，从事非物质财富创造或社会公益活动，并通过其活动直接或间接地为社会发展、生产建设和改善人民生活服务的单位。在中国，预算会计体系中界定的事业单位一般是指国有事业单位，要同时满足以下三个标准：(1) 不以营利为主要目的；(2) 不按市场价格出售产品；(3) 支出是主要依靠国家财政拨款。事业单位会计核算相对复杂一些，具有如下特征：其一，收入来源多渠道，有财政补助收入、财政专户返还收入、上级补助收入、事业收入、经营收入、附属单位缴款等；其二，支出多用途，有事业支出、经营支出、上缴上级支出、对附属单位补助、拨出经费等；其三，事业活动与经营活动区别核算，事业结余与经营结余也分别核算。

二、中国现行的预算会计制度规范体系

中国现行的预算会计体系由现行的预算会计制度来规范。中国现行的预算会计制度规范体系主要包括：1998 年开始实施的《财政总预算会计制度》、《行政单位会计制度》、《事业单位会计准则（试行）》、《事业单位会计制度》等内容。这些制度都是在《中华人民共和国预算法》和《中华人民共和国会计法》的法律指导下制定的。

三、会计基础与核算原则

中国现行预算会计主要以收付实现制为会计基础。

现行的《财政总预算会计制度》第十八条规定："财政总预算会计以收付实现制为基础。"但在2001年11月19日开始实施的《财政总预算会计制度》暂行补充规定中规定中央总预算会计中可以采用权责发生制会计基础的五类事项：(1) 预算已经安排，由于政策性因素，当年未能实现的支出；(2) 预算已经安排，由于用款进度等原因，当年未能实现的支出；(3) 动支中央预备费安排，因国务院审批较晚，当年未能及时拨付的支出；(4) 为平衡预算，当年未能实现的支出；(5) 其他。并同时规定，中央总预算会计采用权责发生制权限于上述事项，除此之外的其他所有事项均不得采用，地方各级财政也不比照执行；对于采用权责发生制的事项，平时不做账务处理，待年终结账时，根据经确认的结转数额，再作账务处理。

中国现行的《事业单位会计准则（试行)》规定：事业单位"会计核算一般采用收付实现制，但经营性收支业务核算可采用权责发生制"。

中国现行预算会计制度为预算会计的具体核算规定了核算原则，主要包括：客观性原则、符合性原则、整体性原则、可比性原则、一致性原则、及时性原则、重要性原则和明晰性原则。

四、会计报表

财政总预算会计报表是反映各级政府收支执行情况

及其结果的定期书面报告，是各级政府和上级财政部门了解情况、掌握政策、指导预算执行工作的重要书面文件，也是编制下年预算的基础。财政总预算会计报表包括资产负债表，预算执行情况表、财政周转金收支情况表、预算执行情况说明书及其他附表。其中的资产负债表，是反映某一特定时日一级财政所拥有的资产、负债以及财力状况的会计报表。

行政单位会计报表是反映行政单位财务状况和预算执行情况的书面文件，主要包括：包括资产负债表、收入支出总表、支出明细表、附表和报表说明书。

事业单位会计报表是反映事业单位财务状况和收支情况的书面文件，主要包括：资产负债表、收入支出表、附表与会计报表附注和收支情况说明书。

第二节 地方政府债务的确认、计量和报告的现状

一、会计基础与债务的确认

上一节已阐述了中国现行政府会计的会计基础主要是采取收付实现制，因此，对于地方政府债务的确认与计量也采用收付实现制。除地方事业单位中的经营性收

支业务核算可采用权责发生制。

中国现行预算会计制度中没有对负债规定具体的确认条件，但它对负债进行了定义，可以认为按其定义来确认负债，地方政府债务也可以按会计制度的定义来确认。

中国现行的《财政总预算会计制度》将政府债务定义为："负债是一级财政所能以货币计量，需以资产偿付的债务。包括应付暂收款项、按法定程序及核定的预算举借的债务、借入财政周转金等。"负债核算的内容包括：（1）应付及暂收款，即在预算执行期间，上下级财政或财政与其他部门结算中形成的债务，包括结算中发生的暂存款、与上级往来款以及收到其他性质不明的款项等；（2）举借的债务，即中央预算按全国人民代表大会批准的数额举借的国内国外债务以及地方预算根据国家法律或国务院特别规定举借的债务；（3）借入财政周转金，即下级财政部门从上级财政部门借入的用于周转使用的有偿资金。

《行政单位会计制度》规定："负债是行政单位承担的能以货币计量，需要以资产偿付的债务。包括应缴预算款、应缴财政专户款、暂存款等。"

《事业单位会计准则（试行）》规定："负债是事业单位承担的能以货币计量，需要以资产或劳务偿付的债务。包括借入款项、应付账款、预收账款、其他应付款、各种应缴款等。"

二、负债的计量与账务处理

根据《财政总预算会计制度》的规定，上述各类负债应按实际发生数额和偿还数额记账。

《财政总预算会计制度》规定，负债通过“暂存款”、“与上级往来”、“借入款”和“借入财政周转金”科目来核算。

“暂存款”科目核算各级财政临时发生的应付、暂收和收到不明性质的款项。收到暂存款时，借记“国库存款”、“其他财政存款”科目，贷记本科目；冲转退还或转作收入时，借记本科目，贷记“国库存款”、“其他财政存款”或有关收入科目。本科目贷方余额，反映尚未结清的暂存款数额。

“与上级往来”科目核算与上级财政往来待结算款项。从上级财政借入款或体制结算中发生应上交上级财政款项时，借记“国库存款”或“上解支出”科目，贷记本科目；归还借款，转作上级补助收入数或体制结算中应由上级补助款项时，借记本科目，贷记“国库存款”、“补助收入”等科目。本科目贷方余额，为本级财政欠上级财政的款项；借方余额，为上级财政欠本级财政的款项。

“借入款”科目核算中央财政和地方政府按照国家法律、国务院规定向社会以发行债券等方式举借的债务。发行债券或举借债务时，借记“国库存款”科目，贷记本科目；到期偿还本金时，借记本科目，贷记“国库存款”科目。本科目贷方余额，反映尚未偿还的债务。

“借入财政周转金”科目核算地方财政部门向上级财政部门借入有偿使用的财政周转金。借入时，借记“其他财政存款”科目，贷记本科目；还款时，做相反会计分录。本科目贷方余额，反映尚未归还的财政周转金数。

《行政单位会计制度》规定，行政单位负债通过“应缴预算款”、“应缴财政专户款”、“暂存款”科目来核算。

“应缴预算款”科目核算行政单位按规定应缴入国家预算的款项。收到应缴预算款项时，借记“银行存款”等科目，贷记本科目；上缴时，做相反会计分录。本科目贷方余额，反映应缴未缴数。年终，本科目应无余额。

“应缴财政专户款”科目核算行政单位按规定代收的应上缴财政专户的预算外资金。收到应上缴财政专户的各项收入时，借记“银行存款”等科目，贷记本科目；上缴时，做相反会计分录；实行预算外资金结余上缴财政专户的单位定期结算预算外资金结余时，应按结余数借记“预算外资金收入”科目，贷记本科目；实行按比例上缴财政专户的行政单位收到预算外资金收入时，应分别记入“应缴财政专户款”和“预算外资金收入”科目，借记“银行存款”科目，贷记“预算外资金收入”和“应缴财政专户款”科目。本科目贷方余额，反映应缴未缴数。年终，本科目应无余额。

“暂存款”科目核算行政单位发生的临时暂存、应付等结算款项。收到暂存款时，借记“银行存款”、“现金”等科目，贷记本科目；冲转或结算退还时，做相反会计分录。本科目贷方余额，反映尚未结算的暂存款数额。

《事业单位会计制度》规定，事业单位负债通过“借入款项”、“应付票据”、“应付账款”、“预收账款”、“其他应付款”、“应缴预算款”“应缴财政专户款”和“应交税金”科目来核算。

上述《财政总预算会计制度》中规定核算的负债，属于中央政府以下政府的负债为地方政府债务。《行政单位会计制度》和《事业单位会计制度》规定核算的负债，属于地方政府的行政事业单位的负债一般也是地方政府债务的内容。

三、地方政府债务的报告

根据《财政总预算会计制度》、《行政单位会计制度》和《事业单位会计制度》的规定，它们要分别编制一套会计报表，以反映其财务状况等。其中，能反映地方政府债务的是地方财政按《财政总预算会计制度》要求编制的资产负债表，属于地方政府的行政单位和事业单位按会计制度要求编制的资产负债表。地方财政编制的资产负债表，其中负债按照“暂存款”、“与上级往来”、“借入款”和“借入财政周转金”顺序披露，反映某一特定日期地方政府这几方面的负债情况；属于地方政府的行政单位制的资产负债表，其中负债按照“应缴预算款”、“应缴财政专户款”、“暂存款”顺序披露，反映某一特定日期地方行政单位这几方面的负债情况；属于地方政府的事业单位制的资产负债表“借入款项”、“应付票据”、“应付账款”、“预收账款”、“其他应付款”、“应缴预算款”“应缴财政专户款”、“应交税金”等顺序披露，反映某一特定日期地方事业单位这几方面的负债情况。地方政府的总预算会计、行政单位会计和事业单位会计各有一套会计报表并自成体系，分别编报，不通过汇总生成地方政府整体的合并资产负债表，不能反映地方政府整体的债务情况。而且这三套资产负债表中的负债，其中有一部分是地方政府部门内部的往来结算等所造成的，从政府层面来看，并不是真正意义的负债，这部分应相互冲销，以免重复计算。由于现实中不编合并资产负债表，所以就没有这部分部门内部往来进行调整的内容。由此可见，通过现行会计报表只反映或披露了地方政府债务中的一部分债务的规模及其变化内容；还有大部分内容没有反映，比如，法定的应支未支支出、欠发工资、各级政府实质上的协议借款而名义是相关企业的借款等。

综上所述，中国现行预算会计对地方政府债务的确认、计量和报告的范围小、内容少，提供地方政府债务管理的会计信息相当有限。

第二节 地方政府债务的确认、计量和报告中存在的问题

一、对现行预算会计体系的评价

现行预算会计的基本职能是核算、反映和监督政府预算执行情况，为管理者和决策者提供预算管理所需的有关预算执行情况的信息。这一职能作用得到了有效发挥。这一会计体系有如下优点：

1. 核算简单，易于操作。会计基础采用收付实现制，作为会计事项的处理的内容就少，而且处理方法相对简单。

2. 及时反映拨款和付款信息，会计信息可靠性好，有利于政府预算的执行。现行预算会计能反映财政资金的来龙去脉，即记录预算资金的拨款及付款信息，使财政部门能及时监控预算执行过程，从而有利于政府预算的实施。采用收付实现制反映预算资金的拨款及付款信息，可靠性好；能较好地反映预算执行的合规性情况。

3. 会计核算与预算之间具有一致性，便于会计核算为预算管理服务。现行的预算会计科目与预算分类是

一致的，即有什么样的预算分类，即有什么样的预算会计科目。这样相关预算执行信息可通过相关会计科目的核算信息了解，便于开展预算管理。

4. 现行会计体系在特定环境下能有效发挥作用。在过去计划经济时代，短缺经济条件下，社会上产品到处供不应求，财政也没有可利用的社会闲置资金，财政政策上实行既无内债又无外债的政策，各级政府要求实现收支平衡，没有赤字预算，不考虑未来社会养老、医疗保险等；各级政府不举债或举债规模小、债务构成简单。在这种环境下，现行会计体系的主要职能就是反映政府财政资金的收入和使用情况，即预算资金的拨款和付款情况，现行会计体系能较好地履行这一职能。

然而，改革开放 30 多年来，中国的经济环境发生了巨大变化，各级政府大量举债、债务构成复杂，人口老龄化趋势越趋明显，未来社会养老、医疗保险、环境保护等问题纷呈，在这种情况下，现行政府会计体系不及时进行改革就不能适应经济环境变化的需要，不能满足债务管理需要以及其他方面的需要了，已存在明显缺陷。关于会计应适应客观环境的变化，冯淑萍教授（2004）曾指出："当会计环境相对成熟了或者对会计信息形成需求了，制定会计准则、促进我国会计准则与国际财务报告准则的协调与趋同也就水到渠成，天然而成。”①

二、地方政府债务被核算的范围太窄、报告的内容太少

中国现行的《财政总预算会计制度》将政府债务定义为：“负债是一级财政所能以货币计量，需以资产偿付的债务。包括应付暂收款项、按法定程序及核定的预算举借的债务、借入财政周转金等。”按照上述定义地方政府债务则是指中央财政以下的地方财政所能以货币计量、需以资产偿付的债务。《财政总预算会计制度》还规定，负债通过“暂存款”、“与上级往来”、“借入款”和“借入财政周转金”科目来核算，并具体规定这些科目核算的具体内容。地方政府债务被核算的范围，实际只是第三章阐述的地方政府债务直接显性债务中的一部分。直接显性债务核算不完整；直接隐性债务、或有显性债务没有被核算与报告，或有隐性债务没有被披露。

1. 直接显性债务的核算与报告不完整。现行预算会计对地方政府的直接显性债务的核算与报告不完整，没有被核算与报告的直接显性债务主要有以下方面：

① 冯淑萍：“中国对于国际会计协调的基本态度与所面临的问题”，《会计研究》2004年第1期。

地方政府应承担的法定的应支未支支出，主要包括欠发工资、未弥补政策性亏损等。这些法定的应支未支支出信息，不能从预算会计的报告中获得。主要原因，中国目前的预算会计对于地方政府债务的核算遵循的是收付实现制，即只能核算当期实际收到现金的借款等，不核算当期已经发生而尚未用现金偿付的债务。

地方政府应承担的法定公务员养老金。地方政府对达到退休年龄的政府雇员给予领取养老金的法定权利，这种法定权利将会构成未来政府的支出项目，是地方政府的直接显性负债，此项债务应该被核算与报告，然而，由于中国预算会计以收付实现制为核算基础，只有实际支付的才算承担责任，则对这部分法定养老金不进行核算和报告。

地方政府通过“地方政府融资平台”这一融资方式举借的债务。在上一章已详细地阐述了这一融资方式，地方政府为国债项目的配套资金以及地方基础设施项目的筹资，为了绕过中国现行法律规定地方政府不能直接向银行金融机构借款的限制，通过“地方政府融资平台”这一融资方式举借债务。通过这一方式举借的债务实质是地方政府的直接显性债务，而名义上不是，而且为规避法律责任，所以，现行预算会计对地方政府的这部分负债不核算、不报告。

2. 不核算、不报告直接隐性债务。现行预算会计不核算、不报告地方政府直接隐性债务。中国地方政府的直接隐性债务主要包括当地的公共投资项目的未来的资本性和经常性支出、非法定的未来社会保障等。通常情况下，这类支出未来的发生比较确定，将来地方政府要承担的责任，所以，将其归为直接隐性债务。一般情况下，这部分债务能够确定金额的应计量，不能确定数额的应披露。这部分债务中，对中国地方政府未来影响尤其重要的是未来公共养老金、医疗保障和其他社会保障支出。随着中国人口的老龄化，现收现付的养老金政策会使其出现支出缺口，由于经济、社会和政治的因素，中国地方政府不得不给予补贴，这部分要由地方政府承担的未来支出数额较大。关于中国社会保障资金欠账，世界银行对中国 1994 年养老保险欠账曾经进行过估算，这个估算的主要条件是：女：退休年龄为 55 岁，男为 60 岁，养老金替代率为 80%，伤残津贴替代率为 4%，养老金增长率按工资增长率的 50% 计算，假定 2000～2015 年中国年增加 5%，2016～2030 年为 4%，计算用的贴现利率相应也分别为 5% 和 4%，结果表明中国社会保障养老保险欠账占 GDP 的比重约为 46%～69%[①]。原国务院体制改革办公室经济体制与管理研究所和美国安泰保险公司对中国养老保险隐性债务进行的精算结果显示，如果不进行改革，若按目前企业和个人的缴费率、退休年龄、投资回报率计算，在未来 30 年，

① 财政部会计准则委员会编：《政府绩效评价与政府会计》，大连出版社 2005 年版，第 507、508 页。

中国可能将负担近7.6万亿元人民币的隐性债务（见《中国经营报》2000年9月26日相关报道）。而中国社会保障隐性债务中大部分是要由地方政府负担的。而目前中国预算会计对这部分债务不核算也不报告。

3. 不披露或有显性债务。现行预算会计不披露地方政府或有显性债务。关于或有显性债务，一般情况下至少应披露或有显性债务规模、内容等。中国地方政府或有显性债务的主要内容是地方政府提供的各种贷款担保，包括国外贷款担保、国内贷款担保。现行预算会计不确认不披露地方政府的担保信息，其主要原因有：其一，1995年10月1日起开始至现在一直施行的《中华人民共和国担保法》第八条明确规定："国家机关不得为保证人，但经国务院批准为使用外国政府或者国际经济组织贷款进行转贷的除外。"因此，国家行政机关一般不得对外提供担保，以避免一旦履行担保代偿义务而出现的行政经费亏空，影响行政职能的正常履行，财政部因此要求各级地方财政不得对外提供担保。而实际生活中地方政府存在着大量的这种"不合法"的担保，当然管理当局不愿意披露这种"不合法行为"。其二，中国现行预算会计制度没有相关规定要求确认和披露这些信息，在收付实现制的会计基础下也不能确认或有显性债务。

4. 不披露或有隐性债务。现行预算会计不披露地方政府或有隐性债务。这类债务产生的事件是不确定的，政府承担的支出责任也难以预计，如地方金融机构如果出现危机而地方政府被迫提供援助，因维护被污染环境而需要发生的支出。由于这部分政府承担的支出责任难以预计，一般也不便于确认。

三、未能全面反映政府债务总体规模、具体构成状况

1. 没有编制合并资产负债表，未能全面反映中央政府、地方政府的债务规模。中国现行预算会计，中央政府层面和地方政府层面都不编制合并资产负债表，所以未能全面反映已在预算会计中核算的债务规模，包括整个政府的债务规模和各个地方政府的债务规模。

2. 资产负债表中的负债分类太粗、项目不明确、具体构成不清晰。资产负债表中的负债没有按债务的偿还期限分为流动负债和长期负债。这不利于政府按照负债信息合理安排偿债资金，也不利于据此对地方政府进行短期偿债能力和长期偿债能力的分析。

资产负债表中的负债下的“借入款”项目，内容太笼统。现行会计制度规定中央财政和地方政府按照国家法律、国务院规定向社会以发行债券等方式举借的债务，包括国内国外债务，包括中央财政发行债券用于中央政府的债务、中央财政发行债券转贷给地方政府的债券以及中央财政代理发行的地方政府债券，这些内容都混在一起；没有分类反映国内债务和国外债务的情况；也没有分类反映中央政府的举债规模、地方政府总的举债规模以及按地区核算的地方政府举债规模。即现行预

算会计不能提供以下信息：全面、完整地反映外债的规模及增减变动的信息；全面、完整地反映中央财政发行国债（分为短期和长期）规模及增减变动的信息；全面、完整地反映中央财政发行国债转贷给地方政府资金的规模及增减变动的信息。这些举债详细信息是中央政府进行债务管理、地方政府进行债务管理所必需的。

四、地方政府举债情况没有被清晰地核算与反映

《财政总预算会计制度》规定，“借入款”科目核算中央财政和地方政府按照国家法律、国务院规定向社会以发行债券等方式举借的债务。然而，目前中国法律规定地方政府不能直接发行地方政府债券，只能是中央政府发行国债转贷给地方政府，或者是财政部代理发行地方政府债券，因此，“借入款”这一科目，在地方政府层面上可以说没有会计处理，这一科目看起来应该是反映地方政府债务的账户，而实际没有相关核算内容。中央政府发行国债转贷给地方政府，或者是中央政府代理发行地方政府债券，地方政府的这种债务不在“借入款”这一科目核算。

地方政府获得的国债转贷资金，这一地方政府债务在“与上级往来”科目中核算。地方政府收到国债转贷资金时，借记“国库存款”，贷记“与上级往来”科目；归还借款时，借记“与上级往来”科目，贷记“国库存款”等科目。同时，预算内资金的上、下级财政待结算

款项也通过“与上级往来”科目进行核算。“与上级往来”科目贷方余额，为本级财政欠上级财政的款项；借方余额，为上级财政欠本级财政的款项。由此可见，地方政府获得的国债转贷资金，这种有偿资金与预算内的资金混在一起核算，使得国债转贷资金不能在地方政府这一层面的总预算会计中全面、完整地得到核算与反映，从而不能从地方政府这一层面的总预算会计中获得国债转贷资金的规模及增减变动情况这些明晰信息。

对于中央财政代理发行地方政府债券的会计核算，2009 年 3 月 13 日财政部颁布并实施的《财政部代理发行地方政府债券财政总预算会计核算办法》中的主要内容：

(1) 在现行《财政总预算会计制度》中增设收入类科目“408 债务收入”、“409 债务转贷收入”；支出类科目“508 债务还本支出”、“509 债务转贷支出”。这些科目按照“政府收支分类科目”规定设置明细账。

(2)“408 债务收入”科目，用于核算省级财政部门作为债务主体，发行地方政府债券收到的发行收入等；省级财政部门实际收到地方政府债券发行收入时，借记“国库存款”科目，贷记本科目；年终转账时，将本科目贷方余额全部转入“预算结余”科目，借记本科目，贷记“预算结余”科目；本科目平时贷方余额，反映省级财政部门当年实际收到的地方政府债券发行收入累计数。

（3）“409 债务转贷收入”科目，用于核算省级以下财政部门（不含省级，下同）收到的来自上级财政部门转贷的债务收入；省级以下财政部门收到债务转贷收入时，借记“国库存款”科目，贷记本科目；年终转账时，将本科目贷方余额全部转入“预算结余”科目，借记本科目，贷记“预算结余”科目；本科目平时贷方余额，反映省级以下财政部门当年实际收到的来自上级财政部门转贷的债务收入累计数。

（4）“508 债务还本支出”科目，用于核算各级财政部门发生的债务还本支出；各级财政部门偿还债务本金时，借记本科目，贷记“国库存款”科目；年终转账时，将本科目借方余额全部转入“预算结余”科目，借记“预算结余”科目，贷记本科目；本科目平时借方余额，反映各级财政部门当年发生的债务还本支出累计数。

（5）“509 债务转贷支出”科目，用于核算地方各级财政部门对下级财政部门转贷的债务支出；地方各级财政部门对下级财政部门进行债务转贷时，借记本科目，贷记“国库存款”科目；年终转账时，将本科目借方余额全部转入“预算结余”科目，借记“预算结余”科目，贷记本科目；本科目平时借方余额，反映地方各级财政部门当年对下级财政部门转贷的债务支出累计数。

（6）地方各级财政部门应于年末编制财政部代理发行的地方政府债券情况表，见表 4－1。

表 4－1　　年度财政部门财政部代理发行的
地方政府债券情况表

填表单位：　　　　　　　　　　　　　　　　　　单位：元

项目	年初地方政府债务余额	本年取得的地方政府债券收入	本年发生的地方政府债券转贷支出	本年发生的地方政府债券还本支出	年末地方政府合并余额
列次	1	2	3	4	5
省本级					
地市级					
县级					
合计					

按照《财政部代理发行地方政府债券财政总预算会计核算办法》进行的会计核算可以认为满足了政府预算管理的需要，但没有对地方政府的这一代发地方政府债券的债务规模、偿还情况等进行反映。按照此核算办法的规定，“债务收入”、“债务转贷支出”、“债务还本支出”和“债务转贷支出”科目的年终结转没有余额，而这些资金偿还期限一般是 3～5 年，这样，通过这些科目不能全面完整地反映地方政府代发债券的规模及增减变动情况。会计科目设置的目的是反映某类事项（业务）的来龙去脉，是会计核算的基本功能。现行的《财政部代理发行地方政府债券财政总预算会计核算办法》在地方政府债务的核算方面存在以下问题：

1. 中央财政代理发行的地方政府债券，地方政府没有设置名副其实的负债科目进行核算与反映。中央财政代理发行的地方政府债券，对于地方政府而言，它既是收入同时也是地方政府的债务。因为中央财政代理发行的地方政府债券要由地方政府来偿还的；而且《财政总预算会计制度》将政府债务定义为："负债是一级财政所能以货币计量，需以资产偿付的债务。"因此，地方政府层面会计应该将其同时反映为收入与负债。对于政府发行债券取得资金的性质，何振一研究员（2005）作了精辟的阐述："公债作为政府筹措财政资金的一种方式，它首先表现为取得财政收入，因此不少财政学著作，都把公债归类于财政收入范畴之中，然而，公债在取得收入的同时，也就形成了政府的债务，政府举债所取得的收入，并不是具有所有权意义上的收入，只是一定时期内资金的使用权，并没有取得资金的所有权，到时不仅要支付利息还要归还本金给债权人。故从性质上说，公债乃是政府与社会成员之间的一种资金融通活动。从公债活动的完整过程来看，在政府取得收入同时也就形成了政府一笔预期的支出。公债这一特性决定了公债并不单纯是财政收入范畴，它同时也是财政支出范畴，就是说公债是财政收支实现的一个综合形式。"① 代理发行债券这一业务，作为收入的核算已由上述的《财政部代理发行地方政府债券财政总预算会计核算办法》进行了规范；而作为负债没有在地方政府这一会计主体上反映。这一业务还应该由负债类科目来反映，这一科目应该反映借款从借入开始到偿还这一

① 何振一：《理论财政学》，中国财政经济出版社 2005 年版，第 225 页。

整个过程，账户是否有余额应取决于借款的偿还情况，全部偿还则账户自然就没有余额，而不是取决于是否是到了年终时期。因为会计的基本功能是反映客观现实。《财政部代理发行地方政府债券财政总预算会计核算办法》规定地方政府获得这一债券收入在“债务收入”科目中核算，属于收入类科目，这使得中央财政代理发行的地方政府债券这一债务没有反映在地方政府这一会计主体上；地方政府编制会计报表时，当债务没有还清之前，这一债务收入会增加现金资产或结余，而不增加债务规模，不能真实反映地方政府的债务状况。这让人有些费解。虽然可以从地方政府年末编制的地方政府债券情况表中了解地方政府代发债券的规模及增减变动情况，但这样不便于会计上的处理，比如不便于编制会计报表等。

2. 中央财政代理发行的地方政府债券与中央财政国债转贷资金的会计核算方法完全不同没有必要。中央财政代理发行的地方政府债券与中央财政国债转贷资金，对于地方政府而言，其实质是一样的，都是中央财政替地方政府举借的资金，都要由地方政府偿还的，只是具体方式不同而异。因此，这两种债务的核算方法应基本相同，可以在明细科目方面有些差别。而现行的预算会计对这两种债务的核算，在方法上差别很大。在地方政府层面的会计核算，中央财政国债转贷资金通过“与上级往来”科目进行核算；而中央财政代理发行的地方政府债券通过“债务收入”科目进行核算。这两类科目的性质完全不同，这也让人有些不好理解。

五、收付实现制在债务核算方面的局限性

中国现行预算会计对地方政府债务的核算采用收付实现制会计基础，随着会计环境的变化和市场经济的发展，产生了多方面的局限性，可以归纳为以下方面：

1. 无法全面、及时地记录和反映地方政府的负债情况。在收付实现制这一会计基础下，不能反映那些当期虽已发生，但尚未用现金支付的地方政府债务，如欠发工资、公务员已经赚取但政府未在本期支付的养老金以及其他形式的应付未付项目，为企业担保产生的或有负债等。所以，采用收付实现制这一会计基础，预算会计无法全面准确地记录和反映地方政府政府的负债情况。

2. 给财政机会主义者隐藏当期地方政府债务、缩减当期债务规模提供了更大运作空间和更多运作机会。现金制会计由于只反映现金交易信息，政府管理者利用这一特点，控制交易的时间等方法来隐藏当期地方政府债务、缩减当期债务规模，从而实现预算平衡或少列赤字的目的，以体现更好的政府管理绩效，这一行为过程将其称“政府赤字管理”。比如，地方政府有些大型工程先让对方垫付资金先建设，而政府没有支付工程款就不反映政府债务；已发生未支付的债务也不反映，这使政府的债务当期被“隐藏”起来了，但这种债务转移

给下届政府了；再比如，政府管理者利用担保这种方式来实现当期“政府赤字管理”目的，地方政府通过担保的方式，提供了社会服务，而当期政府不用承担现金支出，相对于直接的政府现金支出来说，当期政府用有限的收入做了更多的事情，从而体现当期政府的更好的绩效；如果被担保方出现支付危机时，地方政府就要承担偿还责任，然而，这种责任一般在未来。地方政府预算平衡的背后可能存在大量应支未支、应退未退等款项，其实质不是真正的预算平衡。所以，现金制会计使政府管理者将本届政府应承担的债务责任转移给下届政府提供更大运作空间，对财政机会主义的产生有推波助澜的作用，或可称为对财政机会主义起了放大作用。这会导致各届政府权责不清，从而不利于防范和化解地方政府的债务风险。

综上所述，中国现行预算会计没有客观地反映中国地方政府债务的规模、具体构成等情况，其主要原因是：收付实现制会计基础的采用；法律法规规定地方政府不能直接举债和担保，为了规避法律法规的限制，地方政府的实际债务以其他名义和手段被“隐藏”起来；地方政府管理者过分利用收付实现制会计的缺陷，将本届政府应承担的债务责任转移给未来政府。

第四节 现行政府会计对地方政府债务管理的影响

一、政府会计反映职能的不完整导致其在债务管理中的基础作用的缺失

地方政府债务管理对地方政府债务信息的获取是管理的一种职能，是一种基础职能，政府会计通过核算提供客观的地方政府债务信息，是地方政府债务管理的基本内容，在其管理中起基础作用。通过上面的分析得出结论，中国现行政府会计反映的地方政府债务的规模远远在小于实际负债规模，也就是说会计的基本职能——反映职能，没有完整地发挥作用，没有客观地反映中国地方政府债务的情况。这样导致现行政府会计在中国地方政府债务管理中的基础作用的缺失，进而影响政府债务管理整体工作，不利于政府债务管理目标的实现。

二、不规范、残缺的地方政府债务信息影响对债务状况的客观评价

中国现行政府会计提供的地方政府债务信息是不全

面、不完整的，如果管理层据此对中国地方政府债务情况进行评价，则会得出与实际情况背离的结论。因现行政府会计反映的中国地方政府债务规模只是实际规模中很小部分，据此进行评价，会不自觉地低估债务规模，会认为中国地方政府债务很小，会盲目乐观，就不会产生防范和化解地方政府债务风险的想法，从而误导债务管理行动。

三、残缺的债务信息影响地方政府债务风险的控制与化解

地方政府债务管理的一种重要方法是对风险进行控制，要对其风险进行有效控制，先需要了解其风险程度，可通过风险指标的计算来评估风险程度，在此基础上采取相应防范措施。风险指标，比如，常用的指标：债务负担率、债务依存度、债务偿债率、资产负债率等，这些指标的计算，都是基于地方政府债务这一重要数据；只有在政府会计提供了客观、完整的地方政府债务信息前提下，据此而计算的风险指标值才能客观，进而才能客观评价地方政府债务的风险状况，采取相应的防范措施才可能切实可行。而中国现行政府会计提供的地方政府债务信息是残缺的，据此而计算的风险指标值也会是不客观的，如果再据此来评价地方政府债务的风险状况，肯定会脱离中国的现实情况，也就不利于对地方政府债务采取有效的风险控制措施。

在实际经济工作中，中国地方政府的有些官员存在这样的倾向：不是想方设法去防范地方政府债务风险，而是尽力隐藏现实的债务，将债务转移给未来的政府，使中国地方政府债务风险在不断累积。这对中国地方财政和经济的稳定和可持续发展隐藏了很大风险，这应引起重视。

地方政府债务风险要能够得到有效防范，则应在风险未发生时进行防范，则需要前瞻性信息，预警系统利用这些前瞻性信息进行预警，以及时采取防范措施。政府会计提供全面的、系统的和详细的地方政府债务信息是地方政府债务预警系统有效运作的前提。而现行政府会计提供的地方政府债务信息严重残缺，不能使预警系统正常起作用，也就是，在这样信息条件下，中国地方政府债务规模小，预警系统不会报警，甚至会报喜；因此会让管理者脱离实际情况而过度乐观。只有债务危机出现时才会使管理者认识债务风险的真正意义，到那时，一切都晚了！因此，残缺的地方政府债务信息会影响及时采取有效措施化解来中国地方政府债务风险。

四、隐性债务与或有债务信息的缺乏制约地方财政风险管理

现行政府会计对地方政府的直接隐性债务与或有债务情况不报告，就无法对地方政府的隐性债务风险和或有债务风险做出客观评价，就更谈不上采取有效防范措

施了。而实际上，中国地方政府已累积了巨大的隐性债务风险和或有债务风险，比如地方政府需要承担的巨额未来公共养老金、巨额担保可能要承担的责任等等。

第五节 改革现行政府会计制度的必要性

一、加强地方政府债务管理的客观要求

当前中国地方政府债务规模实际是越来越大，毋庸置疑，已经存在着巨大债务风险，这已引起了大家的关注。而真实、全面、系统的地方政府债务信息是对风险做出客观评价的基础和前提，进而才可能找到防范与化解债务风险的有效措施。然而，对于地方政府债务的规模到底有多大，具体构成如何，现行政府会计没有提供相关信息。因此，改革现行政府会计制度，核算清楚中国地方政府债务规模、具体构成，是加强地方政府债务管理的客观要求。

二、加强隐性债务与或有债务风险管理的客观要求

中国目前的地方政府的隐性债务和或有债务已隐藏着巨大风险，加强其管理已是中国地方政府的当务之

急。因此，改革现行政府会计披露制度，及时披露中国地方政府的隐性债务和或有债务的一些情况，为加强其风险管理提供相关信息已刻不容缓。

三、加强金融风险管理的客观要求

目前中国地方政府债务主要是从金融机构获得的贷款，金融机构防范贷款风险的前提必须了解贷款单位——地方政府的财务状况，而中国目前商业银行无法全面掌握地方政府融资总量、负债规模、可持续财税收入等情况，无法准确地评价地方政府的偿还能力，不能有针对性地采取防范风险的措施。因此，要改革现行政府会计，使之能提供地方政府债务情况透明度高的信息，以有助于银行加强风险管理，有助于整个金融系统的健康运行。

第五章

国外地方政府债务管理与政府会计：经验借鉴与启示

中国正在探讨建立中国的政府会计体系，加强地方政府债务管理是当前中国经济工作中的重要内容，中国在这些方面的实践有限，缺乏经验，应借鉴国际上先进的经验。正如马克思在《资本论》第一版序言中所说："一个国家应该而且可以向其他国家学习。"[①] 在国际上，美国的政府会计准则建立历史较长，内容较为全

① 《资本论》第1卷，人民出版社1975年版，第11页。

面，受到其他国家的推崇，而且，美国地方政府债务管理也有较长的历史，也积累了一些经验。国际会计师联合会 1986 年设立了公共部门委员会，为了规范和协调各国政府会计，公共部门委员会吸取了各国政府会计改革的经验，制定了《国际公共部门会计准则》，这套准则对世界各国的政府会计改革产生了重要影响。法国是欧盟国家中地方债务管理做得较好的国家，其社会环境与中国有相似之处，政府在制定会计准则的过程中都居于主导地位。鉴于美国和国际会计师联合会的会计准则在国际上的地位，以及美国和法国地方政府债务管理的实践等，在此，本书主要分析中国政府会计如何借鉴《国际公共部门会计准则》的内容，以及如何借鉴美国和法国的政府会计准则和地方政府债务管理的经验。

第一节 《国际公共部门会计准则》中的负债

一、《国际公共部门会计准则》关于负债的确认、计量和报告

国际会计师联合会（IFAC）于 1986 年设立了公共部门委员会（Public Sector Committee，简称 PSC），该

委员会从 1996 年起启动了《国际公共部门会计准则》（International Public Sector Accounting Standards，简称 IPSAS）的制定工作，其目的是为公共部门会计和报告提供全球公认的准则指引，提高公共部门会计和报告的质量和可比性，增强公共财政管理的透明度和受托责任。《国际公共部门会计准则》适用于除政府企业外的一切公共部门主体，包括中央政府、地区性（如州、省、区）政府、地方（如市、镇）政府和它们的组成机构。

《国际公共部门会计准则》中与债务相关的准则主要有：《公共部门会计准则第 1 号——财务报表的列报》（IPSAS1，2001 年）、《国际公共部门会计准则第 19 号——准备、或有负债或有资产》（IPSAS19，2004 年），以及研究报告《债务会计与报告》（1995 年）。这些准则都是建立在权责发生制基础上的，它们对负债的确认、计量和报告进行了具体的规范。

公共部门会计中对主体区分为报告主体和会计主体。报告主体包括：（1）基本政府；（2）基本政府对其负有财务受托责任的组织；（3）其他组织，即如果不将它们包括进去会导致报告主体的财务报表发生误导或者不完整的情况的组织。会计主体是与单个基金或非基金主体相关，而不是与整个组织相关的概念。

从历史上看，由于现金易于跟踪和监督，很符合公共部门强调控制和确保不超支的传统要求，各国政府会计的传统基础采用收付实现制。但由于收付实现制存在明显缺陷，如不能客观反映政府的真实负债情况，不能较准确核算政府提供的服务成本等。因此，20 世纪 90 年代以来很多国家的政府会计开始从收付实现制转向权责发生制。国际公共部门会计准则反映了这一改革趋势，采用了权责发生制会计基础。对资产、负债的确认定义以及各有关具体业务会计处理的规定一般都体现了权责发生制会计基础的要求。

1. 负债的确认。IPSAS1 将负债定义为：负债是指主体由于过去事项而承担的现时义务，该义务的履行预计将导致含有经济利益或服务潜能的资源流出主体。政府资源流出，这种流出形式可体现为经济利益和服务。符合负债定义的义务，同时满足以下条件时确认为负债：（1）过去事项产生了现时义务；（2）该义务的履行很可能导致含有经济利益或服务潜能的资源流出主体；（3）并且金额可以可靠地加以计量。负债定义的义务包括法定义务和推定义务。法定义务经常会导致确认应付负债，而推定义务经常会导致确认应计负债和准备[①]。

公共部门的负债包括购买商品和服务产生的应付账款、应付利息、应付工资、雇员养老金负债和其他应付雇员福利、与预收收入相关的负债、应付转移支付款、货币发行、与融资租赁有关的租赁债务、银行贷款和其

① 财政部预算司、香港理工大学课题组：《国际公立单位会计准则》，中国财政经济出版社 2002 年版，第 15 页。

他短期借款、长期负债、环境债务、由于事故补偿方案而产生的债务。

2. 准备和或有负债。IPSAS19 对准备和或有负债的确认、计量和报告进行了规范①。

当未来负债的金额和时点及可能性不确定时，就可能发生准备和或有负债。IPSAS19 对准备和或有负债进行了定义。

或有负债，是指以下两者之一：（1）因过去事项而产生的潜在义务，其存在仅能通过不完全由主体控制的一个或数个不确定未来事项的发生或不发生予以证实；（2）因过去事项而产生，但因下列原因而未予确认的现时义务：履行义务不是很可能要求含有经济利益或服务潜能的资源流出主体；或者，该义务的金额不能可靠地计量。会计主体不确认或有负债，或有负债的有关信息要求在报表附注中披露。对于或有负债除非清偿义务时经济利益流出的可能性极小，否则报告主体应在资产负债日简单披露每类或有负债的性质，并在可行的情况下披露其财务影响的估计、与流出的金额或时间有关的不确定性的说明及补偿的可能性。

“准备”，又称预计负债，是指时间和金额不确定的负债。IPSAS19 要求确认满足以下条件的准备：（1）主体因过去事项而承担了现时的法定义务或推定

① 财政部会计司：《政府会计研究报告》，东北财经大学出版社 2005 年版，第 27～29 页。

义务；（2）履行义务很可能要求含有经济利益或服务潜能的资源流出主体；（3）该义务的金额可以可靠地计量。“准备”是介于“负债”与“或有负债”之间的概念。对于或有负债，可持续观察其变化趋势，当其履行义务要求含有经济利益或服务潜能的资源流出主体的可能性变得很大时，则一般应在可能性发生变化的当期确认“准备”。

IPSAS19 对“准备”的计量也有相关规定[①]：确认为预计负债的金额应是资产负债表日清偿现时义务所要求支出的最佳估计数。最佳估计数是指资产负债表日清偿该义务或将该义务转让给第三方面而合理支付的金额。最佳估计数要依据报告主体的管理部门的判断来决定，同时也要考虑类似交易的情况，或考虑由独立专家出具报告。在对准备计量和确定准备的最佳估计数时，应考虑以下因素：（1）风险和不确定性。很多事项和情况不可避免地带有风险和不确定性，考虑这些而进行风险调整，风险调整可能增加负债的金额，但是，不确定性并不意味着应提取过多准备或者故意夸大负债。为了避免对风险和不确定性进行重复调整、高估准备，需要保持必要的谨慎。（2）现值。如果货币时间价值的影响重大，准备的金额应是清偿义务的预期支出的现值。（3）未来事项。未来事项可能影响承担义务所需

① 张通：“政府会计准则体系”，财政部会计司：《政府会计研究报告》，东北财经大学出版社 2005 年版，第 275～278 页。

的金额，如果有足够的客观证据表明这样的未来事项将发生，则应在准备金额中予以反映。（4）资产的预期处置。资产预期处置形成的营业外收入（利得）在计量准备金额时不考虑。（5）补偿。如果偿付准备必需的部分或全部支出预期会由另外一方补偿，那么当且仅当该主体清偿该义务，且基本肯定能够收到补偿时，确认该补偿。该补偿应作为一项单独的资产处理。对补偿确认的金额不应超过准备的金额。

对于确认为准备的金额，反映在资产负债表中的流动负债合计数和负债合计数中。同时还要在报表附注中披露准备（按类别）的以下内容：（1）期初和期末的账面价值；（2）当期增加的准备，包括对现存部分的增加；（3）本期使用的金额（即发生并冲销准备的金额）；（4）当期转回的未使用金额；（5）本期因时间流逝而增加的折现金额，以及折现率变化的影响；（6）义务性质的简短描述，以及经济利益或服务潜能最终流出的预期时间；（7）有关这些经济利益流出的金额或时间的不确定性的说明；（8）预期补偿的金额，并说明因该预期补偿已确认资产的金额。

在极少的情况下，公共部门如果因为准备、或有负债等与其他单位存在争端，披露部分或全部信息，预期会严重损害本单位在争端中的地位。这种情况下不需要披露这些信息，但应披露该争端的性质以及没有披露那些信息的事实和原因。不要求提供比较信息。

二、《国际公共部门会计准则》可供借鉴的经验

国际会计师联合会这些年来，一直致力于制定全球公认的企业会计准则和公共部门会计准则。作为国际会计师联合会成员国的中国，这些年来一直建立并完善企业会计准则，2006 年发布并于 2007 年 1 月 1 日在上市公司实施的《企业会计准则》，已与《国际企业会计准则》趋同。中国会计另一领域的政府会计，也应借鉴《国际公共部门会计准则》，建立适应中国国情的政府会计体系，逐步与国际接轨。上述《国际公共部门会计准则》中对负债的确认、计量和报告的内容中有以下经验可供中国地方政府债务管理借鉴。

1. 负债的确认与计量更适合采用权责发生制基础。国际会计师联合会的专家们通过历史的、现实的考察并进行了理论分析后认为，收付实现制在现实条件下作为政府会计的会计基础，已存在明显缺陷，采用权责发生制更适合，并因此规定在资产、负债的确认定义以及各有关具体业务会计处理中一般采用权责发生制会计基础。中国政府会计所处的目前环境，采取收付实现制作为会计基础来确认政府债务（包括地方政府债务）已显现出不能客观地反映政府的真实负债情况的缺陷。因此，中国政府会计为了能够客观反映地方政府债务的情况，中国地方政府债务的确认、计量也应采用权责发生制基础。

2. 合理界定地方政府债务的范围。《国际公共部门会计准则》定义负债的义务，包括法定义务和推定义务。法定义务经常会导致确认应付负债，而推定义务经常会导致确认应计负债和准备。即政府债务不仅包括直接债务，还包括或有债务，这些债务都会影响财政的稳定性和可持续性，因此，这些方面的信息应由政府会计提供。中国目前的政府会计对于地方政府债务，只确认和报告直接债务，不报告或有债务，而中国地方政府债务中或有债务的情况相对还要复杂，这些负债对中国地方财政的稳定性、可持续性影响更大。因此，中国政府会计应借鉴国际公共部门会计准则中对负债的范围的界定，合理界定中国地方政府债务的范围，即不仅要确认和报告直接债务，还要报告或有债务，以全面客观地反映地方政府债务的情况。国际公共部门会计准则对环境债务进行了界定，中国政府对环境保护方面的开支越来越大，对社会的发展非常重要，因此，应借鉴此项内容，明确环境债务为中国地方政府债务的内容。

3. 合理确认、计量和报告准备，适当披露或有负债。或有负债是由或有事项引起的义务，义务是否发生具有不确定性。准备属于或有负债，是由或有负债发展而来的，即当主体履行义务要求含有经济利益或服务潜能的资源流出主体的可能性变得很大时，则一般确认准备。通过确认准备，以更客观地、准确地反映主体的债务情况。或有负债和准备都具有不确定性，但它们是影响政府债务风险的重要因素。为了客观反映政府债务的全面状况，国际公共部门会计准则规定政府债务包括确定的债务、或有的债务，规定了确认准备的条件、准备的计量的原则和方法以及准备披露的内容等，还规定了或有负债披露的内容等。因此，中国地方政府债务的会计方面，应借鉴国际公共部门会计准则关于准备的确认、计量和报告的规定，以及或有负债披露的要求，合理确认、计量和报告地方政府债务的准备，适当披露或有负债，为中央政府和地方政府进行地方政府债务管理提供所需信息。

第二节 美国地方政府债务管理、政府债务的确认和报告

一、美国地方政府债务管理

美国地方政府债务管理体系相对较成熟，其管理经验值得借鉴。本节内容主要参考了李萍主编的《地方政府债务管理：国际比较与借鉴》一书的相关资料[①]。

① 李萍主编，许宏才、李承副主编：《地方政府债务管理：国际比较与借鉴》，中国财政经济出版社 2009 年版，第 70～112 页。

（一）美国地方政府债务管理概述

美国财政体制实行联邦、州和地方三级管理模式，其法律允许州及州以下地方政府债务融资。联邦政府对地方政府举债限制很少，由本级政府决定是否举债，许多州级法律对州及州以下地方政府的举债权进行了限制。州及州以下地方政府发行债务特别是一般责任债券必须经听证、公决、议会或镇民代表大会的批准。各州及州以下地方政府的财政部门是本级政府债务的主管部门，负责本级政府一般责任债券的发行和使用。州及州以下地方政府发行的市政债券由各州有关主管部门和实体发行及管理。同时，在联邦层次的两个机构负责对市政债券进行监管，一个是美国证券交易委员会市场监管部的市政债券办公室，另一个是美国市政债券规则委员会。

（二）地方政府债务资金运行管理

地方政府债务资金运行管理的主要内容有：

1. 举债方式。美国地方政府举债方式主要是发行地方公债，即市政债券，基本类型包括一般责任债券和收益债券。一般责任债券是以发行机构的全部声誉和信用为担保并以政府财政税收为支持的债券。收益债券是与特定的项目或是特定的税收相联系，其还本付息来自于特定项目的收入。

2. 举债用途。举债原则上一般只能用于“资本工程”。联邦和许多州大都以法律形式规定，发行市政债券的州政府和地方政府必须保持经常性预算平衡，禁止地方政府为弥补财政赤字而进行债务融资。

州及州以下地方政府债务资金的主要用途：（1）公共资本建设项目或大型设备采购；（2）支持并补贴私人活动，如私人住房抵押贷款、学生贷款等，甚至包括支持私人产业发展；（3）为短期周转性支出或特种计划提供现金；（4）偿还旧债；（5）偿付政府的养老金福利责任。

资本支出是地方政府债务资金的一个主要用途；补贴个人和私人公司投资为第二大用途；第三用途是为平衡政府收支现金流以及弥补由于收入预测失误而导致的预算短收，即地方政府短期借款，安排财政年度支出，待收入征集之后再归还借款。

3. 偿债资金来源。一般责任债券的偿还资金来源主要包括项目收费收入、地方税收等。

收益债券或非担保债券的偿还资金来源主要是通过项目的收费收入。

用于私人活动的公债的偿还资金主要取决于私人的还款能力以及整个经济状况。

（三）风险控制

地方政府债务融资有促进所辖地区经济发展的作用，同时也存在风险，因此，需要加强风险控制，控制的内容主要有：

1. 硬预算约束。州及州以下地方政府预算一般实行分类管理，即分为经常性预算和资本性预算并分别管理。资本性预算可举债筹集资金，而经常性预算一般要求收支平衡。

2. 实行预算管理。美国实行复式预算，即经常性预算和资本性预算相结合。资本预算是将政府各部门当年所需建设的项目全部列出，并安排落实其资金来源。资本性预算除了发行债券融资外，还包括安排经常性预算后剩余的预算资金及其他收入。由于资本项目预算程序非常透明，立项比较客观、公正、科学，从而保证了项目资金的及时足额供应，保证了资金的用途及项目的效益。

3. 规模控制。对举债规模控制是通过风险评估指标进行。控制指标主要有：负债率、债务率和资产负债率等。据美国全国州预算官员协会 2002 年进行的调查：在州宪法和法令规定允许发行一般责任债券的 47 个州中，有 37 个州在其宪法和法令中对一般责任债券规定了限额，以检查自己的负债情况和还贷能力，并据此实施严格的债务管理。如：债务率（州及州以下地方政府债务余额/州及州以下地方政府年度总收入）为 90% ~120%；（2）负债率（州政府债务余额/州内生产总值）为 13% ~16% 之间；（3）偿债率（债务支出/经常性财政收入）控制在 7% 以下；（4）偿债准备金余额比例（偿债准备金/债务本金）等等。除此之外，一些地区还设置了自己的规模控制指标。如马塞诸塞州法律规定，州政府一般责任债券的还本付息支出不得超过财政支出的 10%。

4. 风险预警。为了有效地防范风险，应在风险发生之前，及时监控风险。美国地方政府的债务风险监控系统中，最具影响力的是俄亥俄州的“地方财政监控计划”体系。20 世纪 70 ~ 80 年代，美国经历了许多重大的地方政府违约事件，其中有影响的事件，如 1975 年纽约市的债券违约、1978 年克利夫兰违约以及 1983 年的华盛顿电力公司违约。这表明对地方政府债务风险进行及时监控越来越重要了。为此，美国政府间关系顾问委员会（ACIR）对地方财政危机问题进行了一系列的研究，并建议各州加强对地方财政的监控，以防止地方财政危机，俄亥俄州采纳了委员会的意见并建立了名为“地方财政监控计划”体系，其具体内容详见专栏 5 - 1。美国俄亥俄州的“地方财政监控计划”体系，实际是一个地方政府债务风险预警系统。在美国的许多案例中，地方政府和机构在得到“预警名单”的警告后会立即开始提高他们的现金储备，同时州审计局也会向受到警告的地方政府提供免费的顾问服务。这一系统的运行，在美国地方政府债务风险管理中取得了较好的效果。

如果地方政府进入地方财政监控计划后，其财政状况进一步恶化，并达到了“财政危机”的程度，则该地方政府从“预警名单”中移至“危机名单”，进入财政紧急状态。俄亥俄州的“地方财政紧急状态法”规定地方政府“财政危机”的条件，其具体内容详见专栏 5 - 2。被宣布为财政危机的地方政府，该州就应该成立一个叫做“财政计划与监督委员会”的机构来监督和控制该地方政府财政管理。在该委员会举行第一次会议后的120天内，地方政府的首席执行官（同时也是该委员会的成员）必须向监督委员会提交一份财政改革计划，计划中包括化解危机的具体措施。

专栏5-1　俄亥俄州的“地方财政监控计划”体系

俄亥俄州地方财政监控计划由州审计局负责执行。首先它对地方政府进行财政核查，以确定地方政府财政是否已接近紧急状况。如果一个地方政府的财政状况符合以下三种情况中的任何一种，审计局便宣布其进入“预警名单”：（1）出现下述两种情况中的任一种：①在财政年度末，普通预算中逾期超过30天的应付款在减去年末预算节余后超过这一年预算收入的1/12。②截至财政年度末，普通和专项预算中的逾期超过30天的应付款，减去普通及专项预算节余后超过该财政年度的可使用收入的1/12。

（2）上一财政年度的总赤字，减去所有可被用以弥补赤字的普通和专项预算的资金，超过本年度普通基金预算收入总额的1/12。

（3）财政年度末，地方政府金库所持有的现金及可售证券，减去已签出的支票和担保余额，其价值少于普通和专项预算的节余额，而且此差额超过前一财政年度金库收入的1/12。

只要上述情况中的一种或几种出现，州审计局就应发布书面通告，宣布对地方财政进行监视。在州审计局确定上述情况不再存在并宣布从“预警名单”中将其取消前，该监控程序一直有效。如果州审计局发现该地方政府财政状况进一步恶化，并达到了“财政危机”的程度，则将该地方政府从“预警名单”中移至“危机名单”。

资料来源：Hana Polackova Brixi 、马骏主编，梅鸿译/校：《财政风险管理：新理念与国际经验》，中国财政经济出版社 2003 年版，第 243 页。

专栏 5－2　俄亥俄州的“财政危机”的条件

俄亥俄州的“地方财政紧急状态法”描述了构成地方政府“财政危机”的条件大致可以被归结为以下六种“测试”：

测试 1（债务违约）：债务违约达 30 天以上。

测试 2（工资拖欠）：未能在 30 天内支付雇员的工资（除非 2/3 的雇员同意延迟支付工资 90 天）。

测试 3（要求额外转移支付）：要求从其他地方政府向该地方政府进行税收再分配。

测试 4（其他支付欠款）：逾期未付达 30 天以上应付账款，在减去现有现金余额后，超出前一年普通预算或全部预算收入的 1/6。

测试5（赤字规模）：预算总赤字减去可用于减少赤字的预算余额超出前一年收入的1/6。

测试6（现金短缺）：未承诺支付的现金和可售证券余额大于前一年预算收入的1/12。

资料来源：Hana Polackova Brixi、马骏主编，梅鸿译/校：《财政风险管理：新理念与国际经验》，中国财政经济出版社2003年版，第244页。

5. 建立偿债准备金。为了保证地方政府债券能按期还本付息，州及州以下地方政府设立了偿债准备金制度。偿债准备金主要来源于债券发行溢价收入、地方税收、发债人提供的资本贡献以及投资项目收益或信用证收益。偿债准备金的数额可能与每年所需偿付本息总额相等，可能为每年偿还本息的120%，也可能是发行价值的10%。

6. 对政府债务担保的限制。许多州都制定法规对地方政府担保进行明确限定。在担保范围上，通常规定地方政府只能对废物处理设施、地方储备设施、地下石油开采等重要公共项目提供担保。在担保资格上，只有每年通过检测的地方政府才能作为担保方。此外，还对担保资格、担保基金等建立定期登记和审查制度。

7. 建立信用评级制度。美国的市政债券曾发生过违约风险，例如1975年纽约市发生财务危机，一度打击了投资者投资市政债券的信心。为了增强投资者投资市政债券的信心，同时为了能以低成本发行债券融资，美国各级政府自觉地对本级政府的债务进行严格的监控和管理，以保持其债务信用度在较高水平上；同时都自觉接受信用评级公司的评级，并将评级结果在网上公布。地方政府为了提高信用评级，需要加强债务风险管理。

8. 满足信息透明度要求。美国州与地方政府必须遵循政府会计准则委员会在《政府会计、审计和财务报告》（1983 年）中建立的政府债务报告基本准则，记录和报告政府债务。证券交易委员会分别于 1990 年和 1995 年采用了新的市场交易披露原则，要求市政债券发行人和使用人及时地、定期地更新披露信息。公开发行的市政债券一般要求通过正式的官方声明来公布地方政府的责任和义务。市政债券上市前后要经有资格的审计机构对发行人的财务状况、债务负担、偿债能力等出具意见。通过满足有关方面的对信息透明度的要求，对债务风险管理也起一定的促进作用。

9. 市场化约束。市场化约束，是指通过影响债券供求及利率来影响地方政府债务的融资规模和融资成本。市政债券公开发行，发行规模、利率水平则取决于市场，投资者认为某政府债券质量低下，他们就不愿投资该债券，则融资规模就受到限制；如果某政府债券信用评级低，则政府难以低利率发行，而且还难以发行出去。这种市场外部的强制约束，可能对地方政府债务的风险管理更有效。债券发行不成功，债务风险自然就没有；为了获得高等级的信用评级，则地方政府会被迫加强债务风险管理。

（四）地方政府债务危机的化解

尽管各州政府对其债务加强管理，但由于多方面的原因，仍会出现某些地方政府债务危机，需要采取适当措施化解，对于一般责任债券和收益债券偿付危机需分别采取不同措施。（1）一般责任债券偿付危机化解的措施：地方政府可以提高税率或收费比率。如果出现暂时性或技术性财务危机，地方政府只需与债权人直接协商即可。当上述自我补救措施没有效果时，成立州紧急委员会进行监管，该委员会与地方政府联合制定计划，以确保支付所有债务、养老金和其他必须履行的项目，同时减少相对次要的预算项目。如果地方政府财政状况继续恶化，就应依照联邦《破产法》，由发债地方政府提出和解协议和自愿破产请求。和解协议必须得到51%的相关债券持有者的认同。如果破产请求得到法院批准，债务人资源转入法院审判范围。（2）收益债券偿付危机化解的措施：收益债券持有人的债权只能以某种收入来源作抵押。所以，当债务偿付发生困难时，损失将由投资人来承担。

二、债务管理的经验借鉴与启示

美国地方政府债务管理，有比较完善的管理制度，有许多方面的经验值得我国地方政府债务管理借鉴，主要有以下方面：

1. 注重发挥市场机制的作用，建立信息披露制度、信用评级制度，加强行政监管。地方政府债务的有效管理对地区财政的稳定、经济的发展以及中央财政的稳定、国民经济的发展具有重要的影响，因此，要加强其管理。美国的市场体系完善，资本市场成熟，对地方政府债务的管理侧重于市场约束型管理，主要发挥市场机制的作用，同时也加强行政监管。在联邦层次，有两个机构负责对市政债券进行监管，一个是美国证券交易委员会市场监管部的市政债券办公室，另一个是美国市政债券规则委员会。在地方层次，地方政府的财政部门是本级政府债务的主管部门。加强行政监管的目的主要是更好地发挥市场机制的作用，这方面的管理主要包括信息透明度的要求和信用评级制度。信息透明度的要求，举债的地方政府必须如实地披露地方政府的财务状况，即提高信息透明度；信用评级机构根据举债地方政府的财务状况等进行信用评级。投资者根据这些情况决定是否将钱借给这些政府。地方政府为了实现低成本筹集到所需资金的目的，必须加强债务管理，改善政府财务状况，提高信用评级；否则，政府难以以低利率筹集到所需资金。这种通过市场外部的强制约束来促使地方政府加强债务管理，效率会更高，可以克服官僚主义。中国目前地方政府债务的规模越来越大，市场体系、资本市场不完善，在此背景下，中国应加强地方政府债务行政方面管理，还应借鉴美国的经验，运用市场手段来管理，建立中国地方政府财务状况信息披露制度和地方政府债务信用评级制度，来强化地方政府债务管理。由于目前中国正在向完善的市场体系发展，也具备了发挥市场手段作用的基本条件，应利用市场手段的优势来为中国地方政府债务管理服务。

2. 明确举债用途，建立偿债准备金制度。联邦政府和许多州政府大都以法律形式规定，举债原则上一般只能用于“资本工程”，主要用于城市基础设施建设，发行市政债券的州政府和地方政府必须保持经常性预算平衡，禁止地方政府为弥补财政赤字而进行债务融资，地方政府可借短期借款，安排财政年度支出，待收入征集之后再归还借款以保持经常性预算平衡。因此，中国地方债的用途也应明确主要用于地方的城市基础设施建设，不应用于经常性预算的赤字弥补。这是一条基本原则，这可以避免中国地方政府盲目举债，提高政府管理绩效水平。

为了保证地方政府债券能按期还本付息，美国州及州以下地方政府设立了偿债准备金制度。偿债准备金主要来源于债券发行溢价收入、地方税收、投资项目收益等。所以，中国各级政府也应建立偿债准备金制度，以保证政府债务能按期偿还，以避免偿付风险。

3. 明确担保范围，规定担保的资格条件。地方政府提供担保，形成地方政府的或有负债，是影响地方政府债务风险的重要因素。在中国地方政府债务中，担保规模很大，是中国地方政府债务管理的重要内容。美国许多州都制定法规对地方政府担保进行明确限定。在担保范围上，通常规定地方政府只能对废物处理设施、地方储备设施、地下石油开采等重要公共项目提供担保。美国对政府提供担保的范围有明确的规定，相对而言，范围较小，一方面不会对地方政府债务造成太大的影响，另一方面好管理。在这一点上，我们应借鉴，明确规定中国地方政府可提供担保的范围，不至于没范围，使地方政府提供的担保规模失控。在担保资格上，美国规定只有每年通过检测的地方政府才能作为担保方。此外，还对担保资格、担保基金等建立定期登记和审查制度。中国也应该规定提供担保的地方政府应具备的条件，一般应是财务状况好的政府才有担保资格，这样当被担保方无力偿还债务时，地方政府也有能力替为还债，这样可减少偿还风险，维护金融市场的稳定。

4. 选择合理的规模控制指标，构建风险预警机制，加强风险管理。地方政府适度举债有利于地区财政、经济的稳定发展，但举债规模过大，会有债务风险，因此，对地方政府债务需要进行规模控制。美国大多数州的宪法和法令中对一般责任债券规定了限额，以检查自己的负债情况和还贷能力，并据此实施严格的债务管理。如：债务率（州及州以下地方政府债务余额/州及州以下地方政府年度总收入）为90%～120%；（2）负债率（州政府债务余额/州内生产总值）为13%～16%之间；（3）偿债率（债务支出/经常性财政收入）控制在7%以下；（4）偿债准备金余额比例（偿债准备金/债务本金）；等等。中国应借鉴美国地方政府控制债务规模的指标，对中国地方政府债务规模进行控制，将债务风险控制在一定的范围内；若不及时进行规模控制，等规模超过中国的承受能力时，则会发生政府债务危机，则会为时已晚。

对地方政府债务风险进行管理，应在债务危机发生之前，及时采取措施以避免危机的发生，这需要建立适合的风险预警机制。美国俄亥俄州的“地方财政监控计划”体系和“地方财政紧急状态法”的有效运行，为俄亥俄州政府债务风险起到了较好的预警作用，这值得中国构建地方政府债务风险预警机制时借鉴。

5. 明确中央政府对高风险地方政府干预的责任，以减少道德风险。中央政府通过建立的地方政府债务监控系统可以了解属于高风险的地方政府，中央政府应能够促使这些地方政府迅速采取措施调整其财政政策，避免债务危机的发生。美国联邦政府对州和州以下地方政府债务违约一般不承担替其偿还债务的责任，也就是地方政府也会破产；但有一些州就州政府在地方政府处于财政危机时的干预制定了管理政策。例如，俄亥俄州的“地方财政监控计划”体系和“地方财政紧急状态法”就是一种较好的管理政策。在俄亥俄州，如果一个地方政府的财政状况接近紧急状况，审计局便宣布其进入

“预警名单”中，在许多案例中，地方政府和机构在得到“预警名单”的警告后会立即开始提高他们的现金储备。同时，州审计局也会向受到警告的地方政府提供免费的顾问服务。如果州审计局发现该地方政府财政状况进一步恶化，并达到了“财政危机”的程度，则将该地方政府从“预警名单”中移至“危机名单”，这时就成立一个叫做“财政计划与监督委员会”的机构来监督和控制该地方政府财政管理。该机构通过增加收入、削减支出等措施以恢复地方政府的偿债能力。由此可见，美国联邦政府和州政府对地方政府债务危机处理中的责任被明确了，地方政府就不会有将其债务危机转移给联邦政府的依赖心理，这样可减少地方政府的道德风险；州政府将处理地方危机的程序透明化了，地方政府提前了解在何种情况下进入“预警”和“危机”阶段，相应地应该采取何种措施，这样可以控制地方政府财务状况的继续恶化，降低债务危机出现的概率。中国应借鉴上述经验，明确中国中央政府、省级政府对地方政府债务风险的责任，要改变目前中国的地方政府违约风险由上级政府最后兜底的体制，这种体制让中央政府和上级政府承担无限责任，地方政府因此会出现道德风险，最后不利于强化中国地方政府债务风险管理。

6. 政府会计要为地方政府债务管理提供相关信息。地方政府债务的有效管理必须以债务信息为基础，其中尤其重要的是会计信息。比如，地方政府债务风险预警系统有效运作的前提是有地方政府债务的相关信息，因为，风险指标都必须基于可靠的和有全面的债务数据；债务规模的控制，也是基于债务的可靠情况；债务资金如何使用的，也需要会计进行记录等。美国的政府会计因此提供了所需会计信息，美国的《证券法》也要求披露相关债务方面的会计信息。因此，中国也应进行政府会计改革，借鉴其经验，为地方政府债务管理提供所需会计信息。下面介绍美国政府会计中负债的确认、计量和报告内容。

三、美国政府会计中的负债的确认、计量和报告

在美国，政府分为联邦政府、州政府和地方政府等层次，政府会计分为联邦政府会计与州和地方政府会计，联邦政府会计与州和地方政府会计分属于两套会计体系。美国政府会计准则体系由两套准则体系构成，即联邦政府会计准则和州及地方政府会计准则，分别由美国的联邦政府会计准则咨询委员会（Federal Accounting Standards Advisory Board，简称 FASAB）和政府会计准则委员会（Governmental Accounting Standards Board，简称 GASB）负责制定，用以规范各级政府的会计处理和会计信息披露，以及有助于设计会计制度。联邦政府会计准则咨询委员会为联邦政府制定公认会计准则，其使命是："致力于提供完整、可靠、及时和一致的财务信息"，"考虑国会监督机构、行政管理部门对财务和

预算信息的需求，而制定会计准则。”[①] 政府会计准则委员会（Governmental Accounting Standards Board，简称 GASB），其使命是“制订和完善州及地方政府政府会计准则和财务报告，以便：为财务报告的使用者提供有用信息，指导和教育公众，包括报告发布者、审计师和财务报告使用者。”[②]

联邦政府会计准则咨询委员会（FASAB）从 1990 年建立至 2006 年年底，已经产生了 4 个联邦财务会计概念（SFFAC）和 31 个联邦财务会计准则公告（SF-FAS）。

政府会计准则委员会（GASB）从 1984 年建立至 2006 年年底，已经产生了 3 项政府会计概念公告（GASBCS）和 48 项政府会计准则公告（GASBS）[③]。

本书重点阐述州及地方政府会计中负债的确认、计量和报告，因为这些内容与本书的主题——中国政府会计关于地方政府债务的会计问题更有可比性、更有参考价值。

（一）州及地方政府会计概述

州及地方政府会计的目标主要是向报告使用者报告政府受托责任的履行情况、为报告使用者提供决策的相

① ［美］陈立齐著，陈穗红、石英华译：《美国政府会计准则研究》，中国财政经济出版社 2009 年版，第 47 页。

② 同①，第 53 页。

③ 同①，第 57 页。

关信息。受托责任是政府财务报告的基石，“受托责任要求政府对居民负责，说明公共资源的筹集和使用。”[①]由于政府财务资源的来源与使用具有公共性的特征，为了使其达到公共目的，采用法定预算的方法进行约束。政府财务报告提供的信息应该能够帮助报告使用者评价政府受托责任，即可将政府的实际财务结果与法定预算进行比较，来评价政府财务受托责任的履行情况。政府财务报告提供的信息应该能够帮助报告使用者“进行经济、社会和政治决策。”[②] 所以，政府会计的目标是报告政府受托责任的履行情况及为政府进行经济、社会和政治决策提供相关信息。

州及地方政府会计实行基金会计。“政府会计系统应当以基金为基础来组织和运营。所谓基金是指按照特定的法规、限制条款或期限，为从事某种活动或完成某种目的所分离形成的，依靠一套自身平衡的科目来记录现金及其他财务资源，以及相关负债和剩余权益或余额及其变动情况的一个财务与会计主体。”[③] 之所以实行基金会计，其主要原因是确保遵守法律法规以及会计核算和财务管理的要求。法律一般要求政府的政务活动与政府的商务活动分开核算，政务活动主要依靠税收支

---

① 美国政府会计委员会编，香港理工大学中国会计与金额研究中心组织翻译，马如雪、刘颖、陈胜群译：《美国州和地方政府会计与财务报告准则汇编》，人民出版社 2004 年版，第 614 页。

② 同①，第 618 页。

③ 同①，第 10 页。

持，商务活动应当依靠收费自我维持。在政府会计中设置了三大类型11个具体种类的基金。

1. 政府基金。政府基金，又称为“政务基金”，用来核算州及地方政府开展的政务活动，即核算政府可消耗财务资源和相关流动负债的取得、使用和余额（除了那些在权益基金中处理的以外）。具体分为：

（1）普通基金。该基金用来核算除在其他政府基金中核算的财务资源。

（2）特种收入基金。该基金用来核算具有专门用途的财务资源。

（3）资本项目基金。该基金用来核算专门用于资本项目购建的财务资源。

（4）偿债基金。该基金用来核算专门用于长期负债偿还的财务资源。

（5）留本基金。该基金用来核算本金不能动用、只能动用本金上的收益的资源。

2. 权益基金。权益基金，又称为“商业型基金”、“收入确定基金”，用来核算州及地方政府开展的需要依靠收费自我维持的业务活动。具体分为：

（1）公用事业基金。该基金用来核算政府向市民提供公共物品时需要依靠收费自我维持的商务活动。

（2）内部服务基金。该基金用来核算政府开展的需要依靠收费自我维持的主要向内部政务活动部门提供物品或服务的业务活动。

3. 代理和信托基金。该基金用来核算政府以代理人或托管人身份为其他组织或个人开展的代理和信托活动。具体分为：代理基金、养老信托基金、投资信托基金和私人目的信托基金。

州及地方政府的基本财务报表包括政府层面财务报表和基金财务报表。政府层面财务报表包括政府基金和权益基金的内容，采用经济资源计量重点和权责发生制会计基础编制，反映政府整体的经营受托责任。其财务报表包括资产负债表和业务活动表。政府基金报表采用当期财务资源计量重点和修改的权责发生制会计基础编制，反映政府整体的财政受托责任。权益基金采用经济资源计量重点和权责发生制会计基础编制，反映政府整体的经营受托责任。

经济资源计量重点，指会计计量的重点是经济资源，即可以为政府带来未来经济利益的资源。在经济资源计量重点和权责发生制会计基础下，资产包括流动资产和长期资产，负债包括流动负债和长期负债。在财务资源计量重点和修改的权责发生制会计基础下，资产仅包括流动资产不包括长期资产，负债仅包括流动负债不包括长期负债[①]。

（二）负债的确认与计量

政府会计准则委员会和联邦政府会计准则咨询委员

① 赵建勇：《政府与非利组织会计》，复旦大学出版社 2008 年版，第 210 页。

会使用相似的标准来确认某些义务为负债，负债的确认标准包括："（1）迫使未来现金流出或提供服务；（2）不可避免并有一定的数额和时间；（3）过去交易或事件的结果。"①

在州及地方政府的日常政务活动中，负债可以区分为政府层面上的负债和基金层面上的负债两大种类。政府层面上的负债是指在开展日常政务活动中承担的需要以资产偿付的经济责任。包括流动负债和长期负债，流动负债包括应付凭单、应付利息、递延收入、应付其他政府款等种类；长期负债包括一年内到期的长期负债、一年以上到期的长期负债等种类。

基金层面上的负债是指应当用当期财务资源偿还的负债，包括应付凭单、应付利息、递延收入、应付其他基金款等种类。在基金层面上，负债不包括长期负债。

1. 日常政务活动中负债的核算。州及地方政府开展的政务活动可以分为日常政务活动和资本项目购建与偿债活动两大类。日常政务活动一般不形成重要的资本积累，也不构成长期债务的偿还，该类活动主要在普通基金和特种收入基金中核算，留本基金通常用来支持政府的日常政务活动；在政府层面上，在政务活动会计主体中核算。资本项目购建与偿债活动，在基金层面上，一般在资本项目基金和偿债基金中核算；在政府层面

① ［美］陈立齐著，陈穗红、石英华译：《美国政府会计准则研究》，中国财政经济出版社2009年版，第93页。

上，也在政务活动会计主体中核算。

州及地方政府开展的日常政务活动而发生的支出和费用，需要同时在政府基金和政府层面的政务活动中核算。在政府基金中使用支出概念，支出是指当期财务资源的使用，或购买物品或服务的成本；支出主要用来反映政府对法定预算的执行情况，即反映财政受托责任的履行情况。在政府层面的政务活动中使用费用的概念，费用是指经济资源的消耗，或提供物品或服务的成本；费用主要用来反映政府向市民提供公共服务或公共物品的成本，即反映经营受托责任的履行情况。

日常政务活动中主要负债业务的核算如下：

（1）应付货款的核算。日常政务活动中，政府收到订购物品并验收合格，并直接交付有关部门使用，但未支付款项。这一负债业务，按其款项金额同时在普通基金中和政府层面的政务活动中核算，都贷记“应付凭单”；普通基金中借记“支出”，政府层面的政务活动中借记“费用”。当支付其款项时，同时在这两个层面进行会计处理：借记“应付凭单”，贷记“现金”。

（2）应付工资等的核算。州及地方政府确定应向员工发放的工资，同时在普通基金中和政府层面的政务活动中核算，都贷记“应付工资”等；普通基金中借记“支出”，政府层面的政务活动中借记“费用”。

（3）基金间发生交换性交易业务而形成的负债的核算。政府基金应向商业型基金支付款项，按其金额，在政府基金中的普通基金层面上，借记“支出”，贷记

“应付其他基金款”；在政府层面的政务活动中，借记“费用”，贷记“内部往来”。在政府层面上，政务活动与商务活动间的结算款项，在“内部往来”账户中核算；如果是政务活动基金之间发生交换性交易业务，则属于内部交易，不做会计处理。

（4）基金间贷款的核算。提供贷款的基金要求取得贷款的基金按照贷款协议偿还贷款本金并支付贷款利息。取得贷款的基金，应借记“现金”，贷记“应付基金间贷款”。在政府层面的政务活动中，如果借贷基金是政府基金之间的基金，则属于内部交易，不做会计处理；如果借贷基金是政府基金与其他之间的基金，如与商业型基金之间，则作为内部往来处理。

（5）递延收入的核算。当州和地方政府在开展日常政务活动中需要将收入的确认时间向后推迟时，形成递延收入的业务，递延收入属于负债的一个种类。

2. 资本资产购建与偿债活动中负债的核算。州和地方政府资本资产项目购建与偿债活动，在基金层面上，一般在资本项目基金和偿债基金中核算；在政府层面上，在政务活动会计主体中核算。

资本项目基金是专门用于核算政务活动中资本资产购建活动的一个政务基金。此基金的收入主要有专项税收收入、上级政府补助收入、社会捐助收入、投资收益、其他资金来源。其中，其他资金来源主要包括债券发行收入和基金间转账收入。此基金的支出主要包括：直接购买资本资产的支出、向私营建造商支付工程建设款项的支出、由政府自己建造工程的支出、偿还短期筹资借款的利息支出或费用。

偿债基金是专门用于核算政务活动中长期债务偿还活动的一个政务基金。此基金的收入主要有专项税收收入、投资收益、债务发行时的应计利息与溢价、基金间转账收入。此基金的支出主要包括：支付债券本金与利息、向银行支付代办偿债业务手续费等。

资本项目基金和偿债基金层面上的负债主要包括：应付合同款、应付利息、应付票据、应付其他基金款等种类；政府层面上的负债主要包括应付合同款、应付利息、应付票据、应付债券、应付融资租赁款、应付债券预期票据等种类。资本资产购建与偿债活动中主要负债业务的核算如下：

（1）为资本项目发行债券的核算。在资本项目基金层面上，按其收到的款项，借记“现金”，按债务面值贷记“其他资金来源”，按其发行溢价额贷记“应付其他基金款”；在政府层面的政务活动中，借记“现金”，贷记“应付债券——债券面值”和“应付债券——债券溢价”。

（2）应付债券预期票据的核算。政府可能会由于种种原因而推迟债券发行，为满足工程建设需要，政府会向银行开出债券预期票据进行短期筹资借款。债券预期票据是指政府以未来发行债券的收入作为偿还担保向银行取得短期筹资借款的凭证。政府会向银行开出债券预期票据获得短期筹资借款时，在资本项目基金层面上，借记“现金”，贷记“其他资金来源——债券预期票据收入”；在政府层面的政务活动中，借记“现金”，贷记“应付债券预期票据”。

（3）批准私营建造商提出工程款项结算要求时的核算。在资本项目基金层面上，按其批准的款项借记“支出”，贷记“应付合同款”；在政府层面的政务活动中，借记“在建工程”，贷记“应付合同款”。

（4）支付工程款项的核算。在资本项目基金层面和政府层面的政务活动中都借记“应付合同款”，贷记“现金”。

资本资产购建完成时，资本项目基金中的基金余额转出至偿债基金或普通基金中。在政府层面上，在建工程项目交付使用形成可供使用的长期资产，即借记“建筑物”等，贷记“在建工程”。

（5）确认偿债利息和支付利息的核算。在偿债基金中，按确认的应付利息借记“支出”，贷记“应付利息”；在政府层面的政务活动中，借记“费用”,，贷记“应付利息”。支付利息时，同时在偿债基金和政府层面的政务活动中借记“应付利息”，贷记“现金”。

（6）委托银行偿债的核算。州和地方政府委托银行向债券持有人支付债务本息。同时在偿债基金和政府层面的政务活动中，借记“存放在受托银行中的现金”，贷记“现金”；再在偿债基金中借记“支出——利息支出”，贷记“应付利息”。在政府层面上的政务活动中借记“费用”，贷记“应付利息”。当收到银行转来的款项支付通知时，同时在偿债基金和政府层面的政务活动中，借记“应付利息”、“应付债券”，贷记“存放在受托银行中的现金”。

3. 商务活动的会计核算。州和地方政府的商务活动需要同时在公用事业基金和政府层面的商务活动中进行报告。公用事业基金和政府层面的商务活动都是独立的会计主体，由于这两者都是采用相同的计量重点和会计基础，因此，对商务活动不需要采用双轨制会计记账方法。州和地方政府发生商务活动时，可以只在公用事业基金中进行核算。公用事业基金的核算结果可作为政府层面的商务活动中相应栏目财务数据的直接依据，即将公用事业基金的核算结果进行汇总。汇总时，公用事业基金间的交易，对于政府层面来说属于内部交易，应当抵消；由公用事业基金与政务基金的交换性交易形成的应收其他基金款和应付其他基金款，在政府层面的商务活动中应当作为内部往来报告。

（三）负债的报告

1. 在财务报表中的反映。州和地方政府的负债在政府财务报告中报告。州和地方政府财务报表包括政府层面财务报表和基金财务报表。其中，政府层面财务报表包括资产负债表和业务活动表两张报表。资产负债表反映政府整体的财务状况，包括资产、负债和净资产及其构成和数额。资产负债表分为政务活动、商务活动分别报告。如果存在组成单位，组成单位应当单独报告。

政府层面的资产负债表根据政府层面上的会计记录结果进行编制。其中，政务活动栏目采用双轨制会计记账方法，在平时就已经有了相关的会计记录；商务栏目的数据，可以直接根据有关公用事业基金中的会计记录进行合并编制。编制时，公用事业基金间的交易内容应当进行抵消；政务活动与商务活动间的交易不进行抵消，活动间交易形成的债权债务在“内部往来”栏目中反映。

负债在资产负债表的反映，有负债总额的反映；总额按政务活动和商务活动分别报告，在此基础上，按应付凭单、应计负债、递延收入、其他负债、长期负债项目反映。

负债同时也在基金报表中报告。

2. 在财务报表注释中报告。财务报表注释是对财务报表的内容以文字或表格的形式所作的进一步解释和说明，是财务报表的有机组成部分。财务报表注释也称为附注。

要求对报表中的主要负债项目作进一步的说明；要求对长期债务的情况进行说明，说明的内容包括期初长期债务余额、本期长期债务增加数、本期长期债务减少数、期末长期债务余额、一年内到期的长期债务数额、未来年度偿债资金需求等。本期新发行的长期债务情况通常需要进行详细说明。

要求对政府承诺的事项以及政府的或有事项进行说明，即不需要确认、计量的或有负债也应在财务报表附注中披露。

四、政府会计的经验借鉴与启示

美国州及地方政府会计，以向公民报告履行受托责任和提供决策信息为主要目标，主要采用权责发生制这一会计基础，运用双轨制会计记账方法，即在政府层面和基金层面同时进行会计处理，较为全面地、客观地反映了州及地方政府的财务状况。州及地方政府会计对于负债的反映较为全面、详细，即政府整体的负债情况，包括流动负债情况、长期负债情况，还有属于政府活动的负债情况、商务活动的负债情况；还有各类基金的负债情况。不能计量不在报表中报告的债务信息在报表附注中披露。这些会计信息都是前述对州及地方政府债务进行管理的重要资料。值得中国政府会计借鉴的经验主要有以下方面：

1. 政府会计应全面反映地方政府总的债务情况，为地方政府债务管理提供信息。地方政府债务管理最基本的目标，是保持适当的短期偿债能力和长期偿债能力，即能按期偿还政府的短期债务和长期债务。这要求了解政府总的债务情况、短期债务和长期债务的规模与结构等，将这些负债信息与政府的资产情况进行对比，以评价政府的偿债能力。美国州及地方政府会计有较完善会计体系提供地方政府总体债务情况、短期债务和长期债务的规模与结构等，这些信息在政府层面的资产负债表中得到反映。美国州及地方政府债务管理部门利用这些信息可以评价地方政府的偿债能力，在此基础上，可以对地方政府债务规模进行控制，以及进行债务风险预警，从而达到加强债务管理的目的。而中国政府会计目前没有提供地方政府总体负债的情况，没有编制政府层面的资产负债表。因此，中国政府会计改革应借鉴美国州及地方政府会计，对地方政府债务进行全面的核算与反映，以提供地方政府总的债务信息。

2. 借鉴基金会计的理念，详细反映各类业务的债务情况，以便更好地做好各方面的债务管理。美国州及地方政府会计的一个重要特点是实行基金会计，即政府会计系统以基金为基础来组织和运营。基金会计实际上是将政府的业务活动进行分类，进行独立的会计核算，如将政府的业务活动分为政务活动和商务活动；政务活动再分为日常政务活动、资本资产购建与偿债活动等。美国通过基金会计，详细地反映州及地方政府各类业务的负债情况，以便于有针对性地做好各类业务负债的管理。比如，为了了解经常预算平衡的贯彻情况，将政府日常活动进行独立核算，可了解日常政务活动的负债情况；对于资本资产购建项目资金的使用情况，包括发行债券筹资的使用情况，专门设立资本资产项目基金进行核算；为了保证资本资产项目所借资金的偿还，专门设立了偿债基金进行核算。这些内容都值得中国政府会计借鉴。中国政府会计也应将地方政府业务活动分类进行核算，提供各类业务活动的相关会计信息，比如，为便于债务管理，应提供各类业务活动的负债信息，尤其是资本项目的负债情况，以及未来需要偿还的具体情况。

3. 应较全面地披露地方政府债务信息。地方政府债务管理不仅需要了解确认可计量在报表中反映的会计信息，而且还需要了解没有确认计量的隐性的、或有负债信息。美国州及地方政府会计，将可确认并计量的债务信息在报表中反映；没有确认、计量的债务，如或有债务，这些信息要求在报表附注中披露。这些内容也值得中国政府会计借鉴。中国政府会计也应全面披露地方政府债务信息，包括能确认、计量的债务信息、不能确认、计量的或有债务信息等，以便于中国地方政府的债务管理。同时，较全面地披露地方政府债务信息也是满足投资者决策的需要，地方政府要举债，必须给投资者提供债务信息，而且这也是信用评级的要求。

第三节 法国地方政府债务管理、政府债务的确认和报告

一、法国地方政府债务管理

1. 法国地方政府债务资金运行管理及债务风险管理。法国目前实行的是中央、大区、省和市镇四级政府管理体制。地方政府可以自主决策举债，举债方式可以向银行借款、发行地方债券，地方政府通过举债所筹集的资金只能用于投资或建设地方公共工程，不能用于弥

补经常性预算缺口。地方政府债务，只能由地方政府偿还，其偿债资金来源主要包括：地方税收、各类转移支付、发行新的地方政府债券（借新还旧）、偿债准备金。

地方政府举债虽然可以自主决定，但中央政府对地方政府举债和财政运行情况通过以下四个机构进行监控：（1）议会的监控。议会通过对财政预算草案的审查批准进行法律性和事前性的监控；预算法案通过后，议会的专门委员会和议会委托的审计法院对政府部门和事业单位的支出进行审计监督。（2）审计法院严格的司法监控。审计法院的主要任务是协助议会和政府监督财政法律法规的执行、检查中央和地方政府各部门以及国有企事业单位的会计账目等。（3）财政部的监管。国库司是财政部最重要的职能部门之一，国库司下设“债务管理中心”，负责对各级政府的资产和负债情况进行日常监督与管理，以保证各级政府债务及时偿还债务并履行对欧盟承担的义务。（4）财政部派驻各省、市镇的财政监督机构监控。这些监督机构对各级地方政府的资金运行状况和负债情况适时进行监督和审查，及时向地方政府提出意见并向上级财政部门汇报资金运行状况和负债情况。

银行金融机构对各级地方政府举债行为进行间接控制。各级地方政府均在银行设立了专门的资金账户，对外举债通常都由银行代理（除直接向银行借款外，地方政府发行地方债券一般也由银行代为发行）。银行对地方政府的资金运行状况和债务情况非常了解，当地方政府运行出现债务偿还风险时，银行就会向地方政府提出警告，并停止为地方政府举债提供各种直接和间接代理服务。

地方政府举债时，一般都以政府资产作为抵押或担保。为了防范债务风险，各级地方政府均建立了偿债准备金制度。

地方政府债务完全纳入公共预算管理，地方政府负债的形成、偿还和变更等事项必须遵守预算编制程序与原则，予以反映与报告。

2. 风险的化解。当地方政府不能偿还到期债务、资金运转不灵时，原有的地方政府或地方议会被宣告解散，中央政府先代为偿还其债务，待新的地方议会和政府经选举成立后，通过制定新的增税计划逐步偿还原有债务和中央政府代为偿还的资金①。

二、法国政府会计中的负债的确认、计量和报告

法国地方政府会计独特，地方预算和会计的规则或原则由财政部和国内事务部确定，由国会审议通过。会计和预算是法定事项，有着许多法定要求，这些要求都列入《地方法规汇编》中。

1982年3月，《关于市镇、省和大区的权利和自由

① 本部分主要参考了李萍主编，许宏才、李承副主编：《地方政府债务管理：国际比较与借鉴》（中国财政经济出版社2009年版，第195～206页”）一书中的内容。

法案》实施后，地方政府管理自己的预算有更多的自由。在20世纪80年代末90年代初，一些地方政府出现了严重的财务危机（几乎到了破产边缘），为了走出财务困境，也为了更好地评价地方政府的财务风险，1992年法国国会通过了一项新法案——《ATR1992年法》，该法案主要是对费用实行权责发生制。接着决定从市镇一级开始进行会计改革，然后推广到省和大区。这项预算和会计改革着眼于权责发生制基础，目标是对承诺进行跟踪，避免财务风险。

法国地方政府会计改革将政府债务的确认、计量和报告作为重要内容[①]。从1997年起，所有的市镇都采用了市镇会计科目表M14，这套新的会计科目表有两大主要目标，一是使地方政府的科目表与私营企业的科目表（PCG1982）实现一致；二是引进新的会计概念——完整性和谨慎性。完整性要求每个地方政府必须采用权责发生制基础核算自己的业务活动。比如，运营费用采用权责发生制基础记录，运营费用在收到产品或服务时在损益账户中记录，而不是在支付现金时在损益账户中记录；同时有关的负债项目，如应付账款等也得到确认；地方政府还需要确认政府承诺以及在报表附注中披露诸如租赁、提供或收到的借款担保（期限、金额）一类的承诺项目，附注中还需披露其他一些补充财务报表信

① 本部分内容参考了：财政部会计司：《欧洲政府会计与预算改革》（东北财经大学出版社2004年版，第179～214页）一书中的部分内容。

息，如：资本性基金的细节，包括债务、固定资产、准备金、现金贷项等；未包含进预算的承诺的细节，包括借款担保、租赁等。

谨慎性要求充分确认所有的折旧和风险准备金。《ATR1992 年法》要求建立借款担保或一些延迟支付债务的法定准备金，年末，市镇必须记录相当于担保年支付额总数的 2.5% 的准备金，如果准备金的累计金额达到担保年支付额总数的 10% 就不再提取。此外，当市镇将担保风险转嫁后也可以不计提法定准备金。该法案还要求所有地方政府建立风险准备金。

延迟支付债务的法定准备金的建立。年末，市镇如有延迟支付的债务，必须记录准备金，准备金的金额为：延迟支付债务的法定准备金 = 50% ×（接下来 5 年年支付额平均数 - 本年支付的金额）。如果计算得出和准备金金额小于市镇资本性收入的 5%，市镇就不必记录该项法定准备金。

目前市镇资产负债表中的负债项目主要包括：银行贷款、对供应商的负债、财政和社会负债、对中央政府和其他地方政府的负债和其他负债。

三、债务管理与政府会计的经验借鉴与启示

法国地方政府债务管理和会计方面的实践，对于中国地方政府债务管理和政府会计改革的经验借鉴主要有以下方面：

1. 地方债务管理必须加强监管。法国政府将地方政府的举债权给地方政府，但中央政府对地方政府举债行为实行严格的监管，法国实施的是以行政管理为主的体制，有四个机构对其监督管理，在一定程度上保证地方政府举债行为在规则范围内发生，不至于太盲目；从而有利于地方财政的健康运行、经济平稳发展。中国目前的情况是地方政府债务规模很大，因此，要借鉴法国的经验，应加强人大、审计机构、财政部等机构对地方政府债务的管理。

2. 权责发生制会计基础有利于防范债务风险。法国是因为财务危机的出现，迫使地方政府会计中运营费用采用权责发生制基础记录，对承诺确认负债责任等，这说明权责发生制会计基础的采用，让地方政府明确其真实的负债情况，从而有利于地方政府进行防范债务风险管理。因此，中国地方政府会计对于债务的核算也应采用权责发生制会计基础，这样可以避免低估负债、过度美化地方政府财务状况，使会计信息客观反映政府财务状况，及时防范政府财务风险。

3. 发挥银行等金融机构对地方政府债务管理的作用。法国银行对地方政府的债务情况有较全面的信息，当地方政府运行出现风险，银行就会向地方政府提出警告，并停止为地方政府举债提供各种直接和间接代理服务，从而对各级地方政府举债行为进行间接控制。中国政府应借鉴法国银行对地方政府债务间接控制的经验，银行系统内部应有专门的核算系统，能提供地方政府银行借款的全部情况，以及时了解地方政府资金的运行情况，以及债务风险情况，以决定银行继续贷款还是停止贷款；并将相关情况报告给政府管理部门，地方政府债务管理部门据此采取有效措施加强管理，避免债务风险出现。

4. 地方政府债务风险化解的方式可供借鉴。法国政府对地方政府债务风险的化解方式值得中国政府借鉴。在法国，当地方政府出现不能偿还到期债务、资金运转不灵的情况时，原有的地方政府或地方议会宣告解散，其债务由中央政府先代为偿还，待新的地方议会和政府经选举成立后，通过制定新的增税计划逐步偿还原有债务和中央政府代为偿还的代付资金。这种化解方式有如下优点：其一，可避免地方债务风险给社会带来动荡，可维持社会安定；其二，因出现债务危机，原有政府管理机构要求被解散，既给政府管理者以压力，可促使政府官员努力工作，提高政府管理效率；其三，中央政府并不承担地方政府债务风险的最后责任，这可避免地方政府的道德风险。

第六章

中国政府会计改革的相关次序及目标

通过前面的分析，可以得出结论：中国现行政府会计只对地方政府债务的小部分内容进行了核算，形成这一局面的原因是复杂的，其中的一个重要原因是地方政府的直接举债行为按中国现行法规的规定属于不合法行为，因此，地方政府实质意义上的直接举债行为被“隐藏”起来。本章重点从以下方面进行探讨：从法规完善的角度研究如何使地方政府的直接举债行为阳光化，使政府会计能名正言顺地反映与核算相关内容；在此基础上探讨如何加强地方政府直接举债行为的监管；根据地方政府债务管理的需要提出了中国政府会计改革的目标。

第一节 中国地方政府举债的法律规范亟待完善

政府会计是一种管理手段，需要人们去运用，才能为运用者服务。地方政府的负债行为合法化才便于政府会计对其进行确认、计量和报告。因此，当前对中国地方政府举债行为规范化的当务之急是需要建立切合实际的法律规范，以明确政府会计的管理对象。

一、约束中国地方政府举债的法律规范

许多年来，中国地方政府的直接举债行为与直接担保行为一直被相关法规所禁止。这些法律包括：（1）1994年3月22日颁布并于1995年1月1日起开始至今一直施行的《中华人民共和国预算法》（以下简称《预算法》）第二十八条中明确规定："地方各级预算按照量入为出、收支平衡的原则编制，不列赤字。除法律和国务院另有规定外，地方政府不得发行地方政府债券。"（2）1995年10月1日起开始至今一直施行的《中华人民共和国担保法》（以下简称《担保法》）第

八条明确规定："国家机关不得为保证人，但经国务院批准为使用外国政府或者国际经济组织贷款进行转贷的除外。"（3）1996 年中国人民银行通过的《贷款通则》规定："借款人应当是工商行政管理机关（或主管机关）核准登记的企（事）业法人、其他经济组织、个体工商户或具有中华人民共和国国籍的具有完全民事行为能力的自然人。"由此可见，依据这些法律，地方政府不能直接发行地方债券、不能直接向银行借款、不能提供担保，即从法律意义上讲地方政府没有自己正规合法的融资渠道。然而，中国地方政府基础设施项目的建设等需要大量资金，于是，地方政府寻找了其他方式进行融资，即主要利用"地方政府融资平台"举借了大量债务。地方政府举借的这些债务，其实质是地方政府的直接举借债务，但形式上不是地方政府的直接借款，也不是地方政府的直接担保，现行政府会计也就不对其记录与报告，这就形成了现在这样的一个局面：地方政府利用"地方政府融资平台"的融资规模到底有多大、具体构成等情况，现行政府会计没有这方面的全面、准确信息；其他政府部门也没有这方面的较确切信息。目前大家较为一致的看法是："地方政府融资平台"融资规模已经很大，可能隐藏了风险。

现在看来，这些已经客观存在的通过"地方政府融资平台"举借的大量地方政府债务，依据现行法律虽然是不合法的，但是，由于债款用于地方基础设施项目建设，有利于地方经济可持续发展，因而有其存在的合理性；当然也有其不合理的方面，有的地方债务规模过大，会有债务风险。因此，与其让其隐藏起来，不如让其阳光化、公开化，政府会计将其客观地反映出来，在此基础上加强其管理，方才是明智之举。要使之阳光化，就需要完善相关法律制度，使地方政府的直接举债行为合法化，并可规定相应的限制条件。

二、完善关于地方政府债务的相关法律规范，明确政府会计的对象

一般的经济和财政理论认为，一级政府具有一级事权，也具有一级财权，也包括一级举债权。实践中，中国中央财政发行的国债，其中有一部分由中央转借给了地方政府，实际上是地方债务。这实际上承认了地方政府需要举债。为了满足地方政府举债的需要，并逐步使地方政府举债行为合法化，2009 年财政部出台了发行地方政府债券的相关法规，具体包括：《2009 年地方政府债券预算管理办法》（2009 年 2 月 18 日）、《财政部代理发行 2009 地方政府债券发行兑付办法》（2009 年 2 月 20 日）、《财政部代理发行地方政府债券财政总预算会计核算办法》（2009 年 3 月 13 日）、《2009 地方政府债券资金项目安排管理办法》（2009 年 3 月 18 日）和《财政部代理发行 2009 地方政府债券招标投标和考核规则》（2009 年 3 月 30 日）。2009 年财政部代理发行地方政府债券 2000 亿元。这从法规层面肯定了地方

政府发行债券的行为，目前是由中央财政代理发行而已，其实质是地方政府的直接举债行为。由此可见，中国的相关法规在逐步认可地方政府直接举债的合法性。贾康（2004）曾指出："从经济关系本身来说，地方政府作为一级政权，有一级财政，在接受中央政府协调制约的前提下，应该有一级举债权。但是，在中国市场发育不充分、信用关系还相当不规范的情况下，要附加更多制约条件。从以后的发展方向来看，一级举债权的确立，应该不是太遥远的事情。在这几年实行积极财政政策的框架下，在进一步规范化，就没有必要再沿用中央政府代地方政府举债的形式，可把它逐渐处理成规范的地方政府借债（首先在省级明确起来），同时接受宏观上必要的约束。"[①] 美国著名学者大卫·N. 海曼也指出，地方政府为其基础设施的建设举借长期债务有其合理性，"如果州政府和地方政府根据收益原则为资本项目筹资，那么它们用长期债券融资是正当的。因为州政府和地方政府的资本项目的支出意味着基础设施（道路、公立学校和其他建筑）的兴建，而这些公共设施将为该州和该地方的居民提供公共服务，因此用债务为此类开支融资是合理的。当社区内的居民可以自由流动时，这种把税收负担推延给未来纳税人的方式具有特殊的意义。通过当前税收筹集资本项目的经费有可能导致

---

① 贾康：《地方财政问题研究》，中国财政经济出版社 2004 年版，第 159 ~ 161 页。

当前居民不再属于资本设施建成后的税收管辖区这一结果。由于这个原因，负债筹资要求那些将来能从此项目中获益的居民的一致同意（即使那些居民在投票时不在场也必须通过其他方式表示意见）。把项目的成本跨时分摊的办法可以使当前居民对该项目投赞成票，而如果他们知道自己必须在一年内承担其全部成本时却不会支持该项目。”① 对中国财税问题有非常深入持久研究的海外经济学家黄佩华曾建议：“应允许地方政府举债，并使之承担责任”。她指出：“如果地方政府负责为支持公共服务供应的基础设施投资融资，对提高经济增长至关重要，而且也符合效率因素，那么负责提供公共服务的中央政府就应当在决策时考虑对它们进行必要的投资。但是，用现有的收入为基础设施投资提供资金既负担不起也是不公平的（虽然把所有的成本都强加给当前的纳税人可以给后代带来好处）。鉴于地方对公共基础设施的需求很大，而中央政府的财力支持有限，因此，允许地方举债是有效率的。但是，其前提条件是，在地方政府举债之前，必须先建立适当的监管和申报制度。”② 因此，需要改革与完善限制地方政府直接举债行为的现行法规制度。

1. 需要修订现行《预算法》。修订现行《预算

---

① 大卫 · N. 海曼（David N. Hyman）著，章彤译/校：《公共财政：现代理论在政策中的应用（第六版）》，中国财政经济出版社 2001 年版，第 438、439 页。

② 黄佩华（Christine P. W. Wong）、迪帕克（Deepak Bhattasli）等著，吴素萍、王桂娟等译：《中国：国家发展与地方财政》，中信出版社 2003 年版，第 11 页。

法》，以国家法律形式明确地方政府的举债权，并明确规定地方政府举债的用途，举借的长期债务只能用于资本性支出。这是理论上大家都认可的基本原则，同时也是国际上实践经验的总结。还要明确以实质重于形式的原则来规范地方政府债务的范围，并明确规定政府会计要对政府所有举债行为进行核算和报告。在明确地方政府举债行为合法性的基础上，加强其管理。

中国地方政府债务这些年来的情况，明道直接举债不合法，就通过曲线举债，结果将举借的债务隐藏起来，就不便于加强管理，则规模越来越大，问题反而会越来越多。因此，将地方政府举债行为合法化，地方政府融资有正道可用，则就不会去找暗道了，这样地方政府举债行为就可公开化了，暴露在阳光下，则更便于管理、及时发现问题与及时防范风险。

2. 需要修订现行《担保法》。中国经济生活现实情况是，地方政府以变通的方式提供了规模大然而不清晰的担保，已形成中国地方政府的或有债务风险，由于现行地方政府的担保行为不合法，因此也被隐藏起来，不便于加强管理。因此，已成事实的担保情况客观要求修订现行《担保法》，明确地方政府担保范围，规定担保的资格条件。从理论上说，地方政府可以也应该为地方那些具有外部收益性项目或承担社会责任或道义上责任需要的项目提供担保，如助学贷款担保、垃圾、废物处理设施项目贷款担保等。同时，地方政府提供担保后，要承担可能因被担保单位的违约而要求偿还的责任，因此，地方政府被要求有这一能力，需要对其进行资格限制。我们可借鉴美国对地方政府提供担保方面管理的经验：美国许多州都制定法规对地方政府担保进行明确限定。在担保范围上，通常规定地方政府只能对废物处理设施、地方储备设施、地下石油开采等重要公共项目提供担保。在担保资格上，美国规定只有每年通过检测的地方政府才能作为担保方。修订中国现行的《担保法》，需要明确规定中国地方政府提供担保的范围，并规定中国地方政府提供担保应具备的条件，并规定专门机构进行其资格审查与检测；建立担保人从立项到还款全过程的管理监督机制，促使被担保人按时如数如期还款；要求政府会计至少披露地方政府提供担保的基本信息，如规模、用途等。这样，可以保证中国地方政府担保在政府监管范围之内，使之为地方财政、经济稳定发展发挥积极作用，及时防范或有债务风险。

三、完善其他法律法规制度，加强对地方政府举债行为的监管

在明确地方政府举债行为合法的基础上，加强其监管与约束，可以采取行政管理手段和市场管理手段相结合的方式，使中国地方政府债务规模控制在合理的范围之内。

1. 尽快制定管理地方政府举债行为的具体规范。当前，应尽快制定管理地方政府举债行为的具体规范，主要包括以下内容：地方政府举债的资格条件、举债资

金的使用范围、举债规模、举债方式、偿债机制、管理机关以及责任制度等。

2. 加强对地方政府债务的行政管理。中国目前金融市场还未进入成熟阶段，对地方政府债务的管理还不能完全依靠市场机制来进行管理，要加强其行政管理。即使像美国这样以市场约束管理为主的国家也不放松其行政管理。在美国，联邦层次有两个机构负责对市政债券进行监管，一个是美国证券交易委员会市场监管部的市政债券办公室；另一个是美国市政债券规则委员会。法国对地方政府债务管理采取以行政管理为主的体制，法国政府将地方政府的举债权给地方政府，但中央政府对地方政府举债行为实行严格的监管，有四个机构对其监督管理。中国可以借鉴法国的做法，明确地方政府的举债权，同时严格加强其管理，应加强人大、审计机构、财政部等机构对地方政府债务的管理。因此，中国目前可以借鉴法国严格加强监管理的做法。

3. 硬化预算约束，建立相关责任制度。中国目前地方政府对举债积极性高，而对还债积极性不高。其原因主要是：其一，地方政府当届政府管理者对未来的偿还债务不承担责任；其二，地方政府管理者对中央政府有依赖心理，认为当地方政府真正出现债务危机时，中央财政会伸手相救，这导致中央政府因承担地方政府负债而使地方政府产生道德风险。因此，要建立与地方政府债务管理相关的责任制度，对政府管理者有明确具体的责任；对于地方政府可能产生的道德风险，可通过硬化预算约束来解决。这可借鉴法国政府的做法。在法国，当地方政府出现不能偿还到期债务、资金运转不灵的情况时，原有的地方政府或地方议会宣告解散，其债务由中央政府先代为偿还，待新的地方议会和政府经选举成立后，通过制定新的增税计划逐步偿还原有债务和中央政府代为偿还的代付资金。在中国，如果某个地方政府出现了债务危机，中央政府为了社会的安定，可以由中央政府先代为偿还，但以后还要由这一地方政府偿还这笔代还的资金；这可改变目前中国的地方政府违约风险由中央政府最后兜底的体制，控制道德风险产生。中国还可借鉴法国对地方政府官员的管理制度，当地方政府处于债务危机时，原有地方政府被解散，这些官员可能因此就失业了、同时其声誉也会受到影响，这种管理制度给政府管理者以压力，可促使政府官员努力工作，提高政府管理效率。

4. 要重视发挥市场机制的作用，运用市场手段来促使地方政府加强债务管理。一般说来，市场机制具有效率高、有利于克服官僚主义和防止腐败行为产生的优点。中国改革开放 30 多年来，市场经济已经有了长足发展，虽然还不算成熟，但已有一定基础了，市场机制发挥作用所需条件已基本具备。因此，对于地方政府债务的管理，我们要充分利用市场手段。发挥市场机制的作用，需要解决两个基本问题，即满足市场信息透明度的要求和建立信用评级制度。遵循信息透明度的要求，举债的地方政府必须如实地披露地方政府的财务状况；

信用评级机构需要根据举债地方政府的财务状况等进行信用评级。投资者根据公开披露这些信息决定是否将钱借给这些政府。地方政府为了实现低成本筹集到所需资金，必须加强债务管理，改善政府财务状况，提高信用评级；否则，政府难以以低利率筹集到所需资金。这种通过市场机制的强制约束来促使地方政府加强债务管理的做法，有利于提高效率。因此，中国应尽快建立地方政府财务状况信息披露制度和地方政府债务信用评级制度，以适应社会主义市场经济发展的客观需要。

5. 发挥银行等金融机构的作用。中国地方政府举债的主要来源是银行，而且银行是整个社会的结算中心，银行具有地方政府举债的基础数据资料，而银行系统的信息管理水平较高，可以充分发挥银行在地方政府债务管理方面的作用。这方面可借鉴法国的做法：法国银行对地方政府的债务情况有较全面的信息，当地方政府运行出现风险，银行就会向地方政府提出警告，并停止为地方政府举债提供各种直接和间接代理服务，从而对各级地方政府举债行为进行间接控制。中国可在银行信息系统内部设置地方政府举债核算系统，包括发行债券、贷款、担保方面的信息，以及时提供地方政府举债方面的全部情况，以及时了解地方政府资金的运行情况，以及债务风险情况，这些信息各银行之间可以相互查询，为各银行决定是否给地方政府提供融资支持提供依据；并将相关情况报告给政府管理部门，以便于地方政府债务管理部门据此采取有效措施加强管理，避免债务风险出现。同时，也可及时防范金融风险。

6. 建立中国的政府会计体系，发挥政府会计的作用。地方政府债务的有效管理必须以债务信息为基础，其中尤其重要的是会计信息。中国现行政府会计改革要适应地方政府债务的需要，服务于地方政府债务管理。影响地方政府债务管理的因素很多，其中政府会计体系是重要影响因素之一，它关系到能否提供管理所需的基础信息；为了满足管理所需信息，需要建立中国的政府会计体系。本书主要探讨的内容是：建立中国政府会计体系，政府会计如何对地方政府债务确认、计量和报告，以利于对地方政府债务实行有效管理：进行债务规模控制、债务风险控制、风险预警管理以及债务风险的化解等。

第二节 中国政府会计改革的相关目标

政府会计要为地方政府债务管理服务，因此，地方政府债务管理的目标决定着政府会计中相关地方政府债务会计改革的目标。

一、中国地方政府债务管理的目标

中国地方政府债务管理要服务于地方政府职能的履行，所以地方政府债务管理的目标是由地方政府的职能决定的。

中国目前地方政府的职能：省、直辖市、自治区政府要保证本级政府国家机关运转，调整全省（市、区）国民经济、协调地区发展、实施宏观调控以及保证本级直接管理的事业发展；地市级政府要保证本地区（市）政府机关正常运转以及本地区经济、事业发展；县（市）级政府要保证本县（市）政府机关正常运转以及本地区经济、事业发展。要使地方政府能履行这些职能，需要有相应的财力。一般情况下，地方政府利用经常性收入如税收收入来满足政府日常性支出，即保证本级政府机关正常运转以及事业发展所需支出，而承担本地区经济发展所需支出，主要是基础设施项目建设所需资金，这部分资金一般要向社会融资来满足，这部分融资又主要是举借债务，这形成地方政府债务的主要内容。这些年来，中国经济发展很快，各地的工业化和城镇化发展进程在加速，因此导致了各级政府要承担大量的地区基础设施项目建设任务。政府债务管理的基本目标“在于为预算赤字和特定项目（项目贷款）提供资金，使借款成本最小化”[①]。因此，考虑到中国目前地方政府所处的环境及其履行职能的需要等，地方政府债务管理的总目标可表述为：以低成本举债满足地方政府的资金需求；保持适度的负债规模；控制风险，确保地

① Richard Allen 和 Daniel Tommasi 著，章彤译/校：《公共开支管理》，中国财政经济出版社 2009 年版，第 223 页。

方政府具有适当的短期偿债能力和长期偿债能力。

实现上述地方政府债务管理的总目标，需要实现以下具体目标：

1. 掌握地方政府目前实际债务规模、具体构成，以便于控制债务规模。政府管理者只有在掌握地方政府目前实际债务规模，具体构成等基本情况下，才能去控制债务规模实现适度负债。要了解目前中国实际债务规模的具体情况，包括直接显性债务、直接隐性债务、或有显性债务和或有隐性债务；尤其要重点了解的是中国地方政府通过“地方政府融资平台”举借的债务。

2. 有效地进行风险控制。地方政府在融资及使用资金过程中，由于各种因素的影响，可能会出现债务风险，要实现地方政府债务管理的总目标，需要及时控制风险。可以通过计算风险指标值，与指标标准值进行比较，根据比较结果来进行控制。中国地方政府债务风险管理可以采用第二章改进后的地方政府债务规模控制指标体系（见表2－3）。也可采用其中最常用的指标：债务负担率、债务依存度和债务偿债率。

3. 及时进行风险预警。地方政府因种种原因可能会出现债务危机，为了避免债务危机的出现，要让地方政府风险预警系统在债务风险（坏结果）发生之前发出警告，以便采取相应措施化解风险或避免风险的发生。债务风险预警是以债务风险控制指标的标准为依据，对政府债务管理活动进行及时监控，当债务活动使指标值接近警戒值时，对相关部门和机构发出警告，以便提出纠正和化解风险对策。我们可以借鉴美国俄亥俄州的“地方财政监控计划”和“地方财政紧急状态法”体系，建立适合中国地方政府债务管理的预警系统。

4. 保持地方政府良好的财务状况，提高信用评级。地方政府债务管理要实现以低成本筹集到所需资金，地方政府需要使地方政府的财务状况保持在良好状态，并及时披露相关财务信息，以便于信用评级机构评级，并因此给予较高级别的信用评级；这样，投资者才愿意以低利率将资金借给地方政府，同时，地方政府也就能以低成本筹集到所需资金。

上述地方政府债务管理具体目标的实现，包括债务规模的掌握、债务规模控制、风险控制、风险预警、债务信用评级等，都必须基于可靠的、全面的地方政府债务数据，这些数据主要由政府会计来提供，只是中国目前的政府会计提供的债务信息的范围太窄、量太少，不能有效地满足这些需要。因此，中国政府会计改革要能满足地方政府债务管理的对债务信息的需要。

二、中国地方政府债务的确认、计量和报告的目标

（一）政府会计信息的质量目标

中国政府会计改革后，应该能对地方政府债务进行客观的计量和报告，因此而提供的政府会计信息应达到以下质量目标要求：

1. 全面性。现行政府会计只核算了地方政府直接显性债务中的一部分，债务信息很残缺，影响地方政府债务管理。因此，改革后的政府会计要能够提供地方政府债务的全面信息，包括：直接显性债务信息、直接隐性债务信息、或有显性债务信息和或有隐性债务信息；当然这四种债务信息的详细程度、准确性有差异。

2. 可靠性。可靠性要求政府会计对地方政府负债的核算应当以实际发生的交易或事项为依据，如实反映地方政府债务的情况，保证地方政府债务信息的真实可靠、内容完整。但可靠性不等于精确性。管理者只有在真实的债务信息基础上做出的债务管理决策才有可能正确、有效。

3. 可理解性。可理解性要求政府会计提供的有关地方政府债务会计信息应当清晰明了，便于使用者理解和使用。比如，政府会计中的资产负债表中负债项目的分类、列示应当清晰、明了。只有清晰明了的信息，才让人便于理解，只有被理解的信息才有用。

4. 及时性。及时性要求政府会计及时提供地方政府债务信息。会计信息的价值在于帮助管理者做出管理决策，具有时效性。失去时效的会计信息没有实际意义。政府会计提供的负债信息应具有及时性，以便于政府管理者及时进行债务风险控制，从而化解债务危机。

5. 可比性。可比性要求政府会计提供的地方政府债务信息在不同时期可比，可通过连续几年信息的比较，可准确地了解变化趋势，从而便于对地方政府债务风险做出更准确的评价。

6. 实质重于形式。实质重于形式要求政府会计对地方政府负债，应当按照交易或者事项的经济实质进行会计核算，不仅仅以交易或事项的法律形式为依据。当前地方政府利用“地方政府融资平台”筹集的资金，名义上不是地方政府的债务，其实质是地方政府举借的债务，按照实质重于形式的原则，政府会计应将其作为地方政府债务进行核算。

（二）政府会计体系构建的具体目标

1. 及时提供全面的、完整的地方政府债务会计信息，以便于控制债务规模。地方政府保持适度的债务规模，保持适当的短期偿债能力和长期偿债能力，是保证地方财政经济稳定、可持续发展的重要前提。因此，地方政府债务规模应被控制在适度范围内，保持适当的偿债能力。为此，政府会计要及时提供全面的、完整的地方政府债务会计信息，包括：直接显性债务、直接隐性债务、或有显性债务和或有隐性债务信息；流动负债和长期负债信息等。政府管理者掌握了这些信息，可以据此判断债务规模是否适度，在此基础上进行调控管理使之在合理规模之内。比如，当债务规模过大时，地方政府则要停止举债，并需要采取缩减支出增加收入等措施使债务规模保持在较合理的范围之内；再比如，流动负债的规模被了解后，就需及时为偿还流动负债筹划资金，以避免出现短期支付危机。

2. 为地方政府债务风险状况的评估提供所需数据，以便于及时控制风险。要对地方政府债务进行及时有效的风险控制，需要在对地方政府债务风险进行客观评价的基础上进行；又需要通过计算风险指标值来评价，这些风险指标主要有：债务负担率、债务依存度、债务偿债率、资产负债率等；这些指标的计算，都是基于政府债务这一重要数据。因此，政府会计要为此提供地方政府债务的相关信息。比如，债务率（地方政府债务余额/地方政府年度总收入），这一指标的计算，政府会计要提供这一年的地方政府债务余额的数据；这一指标值美国为90%～120%；如果中国也借鉴这一标准，我们计算某地区的实际数，如果实际数已大大高于120%，则表明该地区有债务风险了，应采取风险控制措施。

3. 为地方政府债务管理提供前瞻性信息，以便于债务风险预警系统运行，从而有利于防范债务风险。要对债务风险进行防范，则在风险未发生时进行，否则就没有意义。要防范，需要债务风险预警系统提供预警信息，等债务危机没有发生时及时采取防范措施。债务风险预警系统的有效运行是以及时、全面的债务信息为前提的，因此，政府会计要及时地、完整地为债务风险预警系统提供债务信息。

4. 及时披露地方政府债务信息，以便于债务信用评级，以便于投资者做决策。在市场经济条件下，投资者为了保证收益和降低投资风险，投资者在将资金借给地方政府之前，他们需求了解地方政府的财务状况、偿债能力等；同时，社会上的一些信用评级机构根据披露的财务信息对地方政府债务的安全性进行评级，利率根据评级来确定。社会投资者一般会根据其信用评级等决定是否投资。地方政府财务状况越好、债务的评级越高，利率会越低，投资者也会愿意投资，地方政府就能实现以低成本筹集到所需资金。因此，政府会计要及时披露地方政府财务状况，这里包括重要的债务信息，以便于信用评级机构能对地方政府债务做出客观信用评级；同时也便于投资者及时做出投资决策。

5. 建立偿债准备金制度，为化解地方政府债务风险提供资金支持。目前中国地方政府债务规模越来越大，将来的偿还压力越来越大，为了保证政府债务能按期偿还，避免偿付风险，中国各级政府也应建立偿债准备金制度，政府会计及时核算偿债准备金收入，同时监督偿债准备金用于偿还债务。

6. 适当计量、披露直接隐性债务、或有显性债务信息，以利于及时采取措施防范隐性债务风险与或有债务风险。隐性负债是构成地方政府财政风险的重要因素。在中国，地方政府的隐性债务是一个非常重要的问题，尤其是未来地区性的公共养老金、医疗和其他社会保障等，这些支出责任未来要由地方政府承担的，这构成地方政府未来很大的支出。未来公共养老金、医疗和其他社会保障等，随着人口结构的老化，要由政府负担的金额，将是巨大的金额，会成为影响地区财政稳定性的最主要的问题。因此，政府会计要采用一定方法核算未来承担的这些支出，并披露其相关会计信息，以便于管理者及时采取应对措施，防范隐性债务风险，以保证地区性财政、经济可持续发展。

或有显性债务，是指在某一特定事件发生的情况下，中国地方政府需要承担的法定责任。这类债务主要是指地方政府提供的担保和承诺的项目。这是影响地方政府债务风险的又一重要因素。据“地方财政或有负债研究”课题组对四川、吉林、河南、山东、福建、北京等省市的地方政府或有负债情况的调查：“截至2000年底，四川省可统计的地方政府或有负债规模约为400亿元，尚不包括政府违约担保、以政府名义向民间集资以及其他无法统计的因素所形成的或有负债。实际上，四川省政府或有负债的规模要远远大于财政直接负债的规模。北京市同期地方政府显性或有负债为100多亿元，占当年财政收入的40%以上。在福建、山东、吉林等省的部分地区，其乡镇财政或有负债的规模超过其当年地方财政可用财力的几倍甚至十几倍。”① 这类负债规模这几年增长趋势一直未减。由于地方政府提供担保，政府因此而承担的债务可能巨大，使政府未来公共支出需求增加，使政府存在更大的债务风险。而这些信息，中国现行政府会计不反映，从反映的债务规模

① 刘尚希、于国安主编：《地方政府或有负债：隐匿的财政风险》，中国财政经济出版社2002年版，第9页。

看，地方政府债务规模不大，使管理者不能看清客观的债务状况，过于盲目乐观，从而不去积极采取防范措施，未来可能形成地方政府债务风险变成现实。因此，政府会计改革后，要采用一定方法核算未来承担的这些支出并披露其相关会计信息，或者至少披露相关信息，以便于管理者能够对地方政府债务状况进行客观评价，及时采取应对措施，防范或有债务风险，以保证地区性财政、经济可持续发展。

7. 适当披露或有隐性负债，以便于管理者对地方政府债务有更全面的了解。或有隐性债务，这类债务是指地方政府没有提供的担保和承诺的项目，这些项目如果发生危机，可能引发社会问题，地方政府出于道义和社会安定的考虑，地方政府介入而承担责任。一般说来。这类债务产生的事件是不确定的，政府承担的支出责任也难以预计，如地方金融机构如果出现危机而地方政府被迫提供援助，因维护被污染环境而需要发生的支出。但这部分债务可能会对中国地方政府财政、经济的稳定带来巨大影响。因此，政府会计对此类负债采取合理的方式进行适当披露，或者是在政府内部披露，让政府管理者对地方政府债务有更全面的了解，或有隐性负债不会被完全忽略，也会提醒管理者在适当的时候，要注意防范或有隐性负债带来的风险，以保证地方财政、经济稳定、可持续发展。

第七章

中国政府会计改革的相关构想

中国正在研究建立中国的政府会计准则体系，这涉及的内容很多，本章主要对单项会计问题——地方政府债务的确认、计量和报告提出改革构想。

第一节 政府会计规范体系的构建

中国现行的预算会计制度规范体系主要包括：

《财政总预算会计制度》、《行政单位会计制度》、《事业单位会计准则（试行）》、《事业单位会计制度》等内容。这些制度都是在《中华人民共和国预算法》和《中华人民共和国会计法》的法律指导下制定的。然而，如前所述，中国现行的政府会计制度规范体系存在明显的缺陷，需要研究建立适合中国经济社会发展情况的政府会计规范体系。我们可以借鉴《国际公共部门会计准则》体系的经验、美国政府会计准则以及中国企业会计准则体系的经验，构建出中国政府会计规范体系。中国政府会计规范体系应包括政府会计基本准则、具体准则和政府会计制度。通过中国政府会计规范体系的建立，规范中国地方政府债务的确认、计量和报告，从而使政府会计能提供地方政府债务管理所需的会计信息。

一、建立政府会计基本准则

中国首先应构建政府会计基本准则，也称政府会计概念框架，对政府会计准则体系的基本问题作出规范。它应包括政府财务报告目标、政府会计主体、政府会计核算基础、政府会计信息质量特征、政府会计要素和政府财务报告模式。政府会计主体包括层次主体，即整体政府主体、地方政府主体；在政府会计基本准则里，政府负债的定义、确认标准和核算基础等应被得到规范。

二、构建政府会计具体准则

在政府会计基本准则的基础上，再针对政府会计的各项核算业务和报告事项制定出具体准则。应该有具体准则对政府负债的计量方法以及在政府财务报告中反映与披露要求做出明确的规定。比如，对于地方政府债务中的或有负债和隐性债务，由于计量方面存在难度，不便于进行具体会计核算，可以规定通过附注等方式进行披露。

三、建立政府会计制度

根据中国政府会计准则体系的内容，建立中国政府会计制度。政府会计制度主要规范政府会计核算的方法和程序，包括会计科目的设置、具体的会计处理方法、报表格式、报表项目内容的列示等，这些内容在政府会计制度中都做出明确的规范，以便于指导实务工作。由于中国政府会计的实践与国际上政府会计的实践有较大差距，与中国企业会计的实践也有较大差距，为了使将来构建的政府会计准则能得到贯彻执行，中国需要在中国政府会计准则体系的基础上制定中国政府会计制度。政府会计制度应包括预算会计制度，但预算会计制度只是政府会计制度的重要内容，不是全部。在政府会计制度中，应明确规定中国地方政府债务的内容、核算方法以及报告方式及其报告的内容。

第二节
明确权责发生制为
地方政府债务核算的基础

会计基础是影响会计信息质量的一个重要因素，也是影响地方政府债务信息的一个重要因素，因此，对地方政府债务进行客观、全面、及时的核算需要选择合适的会计基础。

一、收付实现制导致地方政府债务信息存在明显缺陷

如前所述，收付实现制是以收到或支付现金作为确认各项交易或事项的依据，对非现金交易或事项不予以确认。以收付实现制进行核算的地方政府债务信息存在不全面、不完整等缺陷。在这一会计基础下，地方政府债务不包括那些当期实际已发生但尚未用现金支付的债务，使那些当期实际已经发生了因没有支付现金的重大事项而不被反映，未支付的债务也不反映，这使政府的债务被“隐藏”起来了，不能真实反映地方政府债务的状况，从而不利于防范地方政府债务风险。

在收付实现制这一核算基础下，会计反映的地方政

府债务不包括当年实际发生但未支付现金的债务，这部分债务在以后以现金支付时会计再反映。这会促使政府管理者将本届政府应承担的债务责任转移给下届政府，权力和责任不匹配导致各届政府权责不清，是导致实际工作中各级政府“重借款、重支出与轻偿还”的现象频仍的重要原因之一，从而不利于各级政府防范和化解自身的债务风险。

二、权责发生制能使地方政府债务信息得到较客观、全面、及时反映

权责发生制是以各项交易或事项是否发生作为确认依据，而不论是否产生现金交易。在这一会计基础下，会计反映的地方政府债务包括那些当期实际借入现金的债务，还包括那些当期实际已发生但尚未用现金支付的债务，那些当期实际已经发生了因没有支付现金的事项也被反映，比如，地方政府有些大型工程先让对方垫付资金建设，即使政府没有支付工程款，会计也会对这类项目进行反映，可使这类项目的长期费用直观化，并能够反映该项目对未来财政收支的影响。以权责发生制作为地方政府债务核算的基础，只要负债发生，即使当期不需要或没有支付，会计都进行反映，这样使费用和支出不能向未来转移，政府的债务不能被“隐藏”了，这样，会计能较为客观、全面、及时地反映地方政府的债务状况，可为地方政府债务管理提供所需的债务信

息。而且，这一会计基础使地方政府当期发生的债务不能转移给下届政府，可在一定程度上抑制未来债务风险的累积，从而有利于防范地方政府债务风险。

国际上公共部门采用权责发生制是一个趋势，20世纪90年代以来很多国家的政府会计开始从收付实现制转向权责发生制，截至2009年，经合组织中的30个国家中，有超过50%的国家不同程度地应用了权责发生制基础，政府会计中采用权责发生制这一会计基础的代表国家有新西兰、澳大利亚、英国、美国、加拿大、芬兰、冰岛和意大利等国家。

国内学者们的主流观点，政府会计中的负债应采用权责发生制进行核算。比如，楼继伟（2003）指出，根据中国的现实条件，权责发生制这一会计基础应采用渐进式的改革，从近期看，可考虑将那些比较明确，近中期对预算安排影响较大的政府债务，按权责发生制基础纳入预算会计的核算范围；从中长期看，应选择在社会保险收支、国债收支、政府担保支出等方面实行权责发生制。娄洪（2008）认为，政府会计中可单项领域适当引入权责发生制，如政府显性直接债务（政府发行国债及其利息）和应付款采用权责发生制。

综上所述，由于收付实现制这一会计基础在地方政府债务的核算方面存在明显局限性，中国地方政府债务核算的实践也证明了其局限性的存在；而权责发生制这一会计核算基础在地方政府债务的核算方面存在明显优点，国外实践的结果也证明了其优势的存在。因此，中国政府会计中对地方政府债务的核算应明确权责发生制为其核算基础。

第三节
地方政府直接显性债务的确认与计量

对中国地方政府债务进行定义与分类，是对其进行确认、计量和报告的前提。本书前面已阐述过地方政府债务的定义与分类，在这里再做总结：根据《公共部门会计准则第 1 号——财务报表的列报》（IPSAS1）对负债的定义和中国《企业会计准则——基本准则》对负债的定义，将中国地方政府债务定义为：是指地方政府由于过去的交易或事项而承担的现时义务，该义务的履行预计将导致含有经济利益或服务潜能的资源流出地方政府。义务包括法定义务和推定义务；政府资源流出，这种流出形式可体现为经济利益和服务。符合地方政府债务定义的义务，同时满足以下条件时确认为负债：（1）该义务的履行很可能导致含有经济利益或服务潜能的资源流出地方政府；（2）并且金额可以可靠地加以计量。

以 Hana Polackova Brixi 博士的政府债务分类为指导，将中国地方政府债务分为四类（参见第三章的表 3－1地方政府债务表）：直接显性债务、直接隐性债务、或有显性债务和或有隐性债务，将以这种分类来阐述其会计的改革构想。

直接显性债务是指根据法律或合同的规定，由地方政府直接举借或明确承诺偿付的债务。这部分债务的金额是确定的，其计量是这四类债务中最简单的，也是最主要的债务。这类债务的主要内容包括：协议借款和发行的债券、预算法规定的应支未支支出、法定的公务员养老金等。

一、发行债券的核算

地方政府采取一定方式发行债券来举借债务，形成地方政府的直接显性债务。目前中国地方政府还不能直接发行地方债券，主要有以下方式发行：中央财政发行债券再转贷给地方政府；财政部代理发行地方政府债券；与地方政府有密切关系的企业或下属部门发行债券，所筹资金用于市政建设，这一债券又称为准地方债券。

（一）地方政府接受转贷债券的核算

中央财政发行债券转贷给地方政府，这部分债务由地方政府还本付息，因此，这实际上是接受债券款项地方政府的直接显性债务。为了便于核算，客观反映地方政府这一债务情况，应设置“应付转贷债券”科目。这一科目名称直观，而且是负债类科目，能完整地反映政府转贷债券发行、转贷、偿还本金与利息情况。中央财政代表整体政府，作为会计主体；地方财政代表地方政府，作为会计主体。假设中央财政发行债券转贷给地方政府使用，只转贷一次，则核算可按下面的程序进行账务处理。中央财政发行债券转贷给地方财政、地方财政偿还转贷债券这一过程的账务处理如下：

中央财政发行债券收到款项时，借记“国库存款”科目，贷记“应付转贷债券——本金”科目。

当中央财政将转贷债券资金拨付地方财政时，中央财政借记“应收转贷债券——本金——××地方”科目，这科目按接受的地方财政设明细账，贷记“国库存款”科目；地方财政借记“国库存款”科目，贷记“应付转贷债券——本金——中央”科目。

中央财政和地方财政按期计算债券利息时，中央财政借记“应收转贷债券——利息——××地方”科目，贷记“应付转贷债券——利息”科目；地方财政借记“一般预算支出——转贷债券利息”科目，贷记“应付转贷债券——利息——中央”科目。

地方财政分期偿还给中央财政转贷债券本金与利息时，中央财政借记“国库存款”科目，贷记“应收转贷债券——本金——××地方”、“应收转贷债券——利息——××地方”科目；地方财政借记“应付转贷债券——本金——中央”、“应付转贷债券——利息——中央”科目，贷记“国库存款”科目。

中央财政分期偿还发行的转贷债券的本金与利息时，借记“应付转贷债券——本金”科目、“应付转贷债券——利息”科目，贷记“国库存款”科目。

如果中央财政转贷债券采取到期一次还本的方式，其会计账务处理：地方财政借记“应付转贷债券——本金——中央”科目，贷记“国库存款”科目。中央财政收到地方政府的还本款项时，借记“国库存款”科目，贷记“应收转贷债券——本金——××地方”；中央财政偿还发行的转贷债券的本金时，借记“应付转贷债券——本金”科目，贷记“国库存款”科目。

中央财政层面：“应付转贷债券——本金”和“应付转贷债券——利息”科目的贷方余额，表示整体政府层面没有偿还的转贷债券的债务规模，期末列入资产负债表的负债项目；中央财政将发行债券款项转贷给地方财政以及地方财政应偿还给中央财政的本金和利息等，是政府内部间的往来，不影响整体政府负债情况。

地方财政层面：“应付转贷债券——本金——中央”科目的贷方累计数，反映地方财政实际收到的来自中央财政发行债券的转贷累计金额；“应付转贷债券——本金——中央”科目的借方累计数，反映地方财政实际偿还的中央财政转贷债券本金的累计金额；“应付转贷债券——本金——中央”科目与“应付转贷债券——利息——中央”科目的贷方余额，表示地方财政尚未偿还的中央财政转贷债务，表示地方财政层面的负债，是地方政府债务的构成内容，编制地方政府层面的资产负债表时，负债项目应包括此项内容。

为了适应中国地方政府预算管理的需要，可以借鉴美国州和地方政府会计中采双轨制会计记账方法的原理，即在政府层面和基金层面同时进行会计处理。中国可采取双会计分录法。按照中国现行预算管理的有关规定，经国务院批准同意，以地方政府为发行和偿还主体而发行的地方政府债券，其债券收入和支出要实行预算管理。为了实行对上述转贷债券的预算管理，在上述进行账务处理的同时，还要编制如下会计分录进行账务处理：

当中央财政将转贷债券资金拨付地方财政时，地方财政借记“国库存款”科目，贷记“转贷债券收入”科目。

地方财政分期偿还给中央财政转贷债券本金时，地方财政借记“偿还转贷债券本金支出”科目，贷记“国库存款”科目。

转贷债券收入与偿还转贷债券本金支出年末全部转入“预算结余”科目，同时年末汇入地方政府年度收支决算总表。但要注意，此项转贷债券收入与偿还转贷债券本金支出的差额形成的预算结余不列入地方政府的资产负债表，因为按前面已记录的负债项目列入资产负债表了，也可认为双会计分录在编制地方政府层面的资产负债表时不能同时用，再列入就重复了。

上述处理，政府会计上的处理与预算管理的处理存在差异，政府会计上的处理，发行的转贷债券是负债，要作负债核算处理；而从预算管理的角度看，是预算收入中的债务收入，作为债务收入处理。

（二）财政部代理发行地方政府债券的核算

财政部代理发行地方政府债券与中央财政发行债券再转贷给地方政府，这两种情况下发行的债券都要由地方政府还本付息，发行的这两种债券形成的都是地方政府债务，其性质是相同的，都是直接显性负债。因此，核算原理基本相同。

财政部代理发行地方政府债券，是指以省、自治区、直辖市和计划单列市人民政府（以下简称“地方政府”）为债务人，承销商于缴款日规定时间前将认购地方政府债券资金缴入国家金库各省（自治区、市）分库，利息按年支付，地方财政部门在规定时间将还本付息资金足够缴入中央财政专户，财政部（国库司）按照有关规定代为办理地方政府的还本付息。为了便于核算，客观反映财政部代理发行地方政府债券这一债务的借入、偿还等情况，应设置“应付代理债券”科目。财政部代理发行地方政府债券、地方财政偿还代理发行债券这一过程的账务处理如下：

财政部代理发行地方政府债券，债券资金缴入国家金库各省（自治区、市）分库时，省级财政借记“国库存款”科目，贷记“应付代理债券——本金——中央”科目；中央财政借记“应收代理债券——本金——××省级”科目，贷记“应付代理债券——本金”科目。

1. 如果是省级政府使用代理发行地方政府债券的

资金时，并由省级财政直接分期计算并支付利息、到期一次还本，则账务处理：

中央财政和省级财政按期计算债券利息时，中央财政借记“应收代理债券——利息——××省级”科目，贷记“应付代理债券——利息”科目；省级财政借记“一般预算支出——代理债券利息”科目，贷记“应付代理债券——利息——中央”科目。

省级财政上缴本级承担的代理债券利息时，省级财政借记“应付代理债券——利息——中央”科目，贷记“国库存款”科目；中央财政代收省级财政部门上缴的代理债券利息时，借记“国库存款”科目，贷记“应收代理债券——利息——××省级”科目；代为支付代理债券利息时，借记“应付代理债券——利息”科目，贷记“国库存款”科目。

省级财政上缴本级应偿还的代理债券本金时，借记“应付代理债券——本金——中央”科目，贷记“国库存款”科目。

中央财政代收省级财政部门上缴的偿还代理债券本金时，借记“国库存款”科目，贷记“应收代理债券——本金——××省级”科目；代为支付代理债券本金时，借记“应付代理债券——本金”科目，贷记“国库存款”科目。

2. 省级政府将财政部代理发行地方政府债券资金再转贷给下级政府时，则账务处理：

省级财政对下级财政进行债券资金转贷时，省级财政借记“应收代理债券——本金——××下级”科目，贷记“国库存款”科目；接受转贷债券款项的下级财政借记“国库存款”科目，贷记“应付代理债券——本金——省级”科目。

省级财政和下级财政按期计算债券利息时，省财政借记“应收代理债券——利息——××下级”科目，贷记“应付代理债券——利息——中央”科目；下级财政借记“一般预算支出——代理债券利息”科目，贷记“应付代理债券——利息——省级”科目。

下级财政上缴本级承担的代理债券利息时，下级财政借记“应付代理债券——利息——省级”科目，贷记“国库存款”科目；省级财政代收下级财政上缴的代理债券利息时，借记“国库存款”科目，贷记“应收代理债券——利息——××下级”科目；省级财政上缴中央财政代理债券利息时，借记“应付代理债券——利息——中央”科目，贷记“国库存款”科目。

下级财政上缴本级应偿还的代理债券本金时，借记“应付代理债券——本金——省级”科目，贷记“国库存款”科目。省级财政代收下级财政上缴的偿还代理债券本金时，借记“国库存款”科目，贷记“应收代理债券——本金——××下级”科目；代为上缴中央财政代理债券本金时，借记“应付代理债券——本金——中央”科目，贷记“国库存款”科目。

中央财政层面：“应付代理债券——本金”和“应付代理债券——利息”科目的贷方余额表示整体政府

层面没有偿还的代理发行地方债券的债务规模，期末列入资产负债表的负债项目。

地方政府层面：“应付代理债券——本金——上级”科目的贷方余额，表示本级地方政府层面没有偿还（或上缴）的代理债券本金规模，构成该级政府的债务，则年末列入该级政府的资产负债表的负债项目；“应付代理债券——利息——上级”科目的贷方余额，表示该级地方政府层面没有偿还（或上缴）的代理债券利息，构成该级政府的债务，则年末列入该级政府的资产负债表的负债项目。“应付代理债券——本金——上级”科目的贷方累计数，反映该级地方政府实际收到的来自财政部代理发行债券的转贷累计金额；“应付代理债券——本金——上级”科目的借方累计数，反映该级地方政府实际偿还的财政部代理发行债券本金的累计金额。“应付代理债券——利息——上级”科目的贷方累计数，反映该级地方政府应计的财政部代理发行债券利息累计金额；“应付代理债券——利息——上级”科目的借方累计数，反映该级地方政府上缴本级承担的代理债券利息累计金额。

由此可见，“应付代理债券——本金——上级”与“应付代理债券——利息——上级”科目能反映各级地方政府由财政部代理发行地方政府债券的借款规模、偿还情况以及尚未偿还的情况。

省级财政将财政部代理发行债券款项转贷给下级财政以及下级财政应偿还给省级财政的本金和利息等，是政府内部间的往来，不影响省级政府总体负债情况。

为了加强财政部代理发行地方政府债券的预算管理，还要按《财政部代理发行地方政府债券财政总预算会计核算办法》进行预算管理的会计核算。

（三）准地方债券的核算

地方政府让与自身有密切关系的企业或下属部门发行债券，所筹资金用于市政建设，这种形式的债券又称为准地方债券。目前这一债券由于不是地方政府名义发行的，政府会计不记录，为隐性债务，由于其实质是地方政府债券，应让其显性化，作为直接显性债务。

这类企业发行债券时，一般情况下会借记“银行存款”科目，贷记“应付债券——面值”科目等；当债券资金用于市政建设项目时，借记“在建工程”科目，贷记“银行存款”科目；计算债券利息时，借记“在建工程”科目，贷记“应付债券——利息”科目；支付利息，记“应付债券——利息”科目，贷记“银行存款”科目；当在建工程完工交付使用时，借记“固定资产”科目，贷记“在建工程”；偿还债券本金时，借“应付债券”科目，贷记“银行存款”科目。

地方政府编制财务报告时，应将这类企业发行债券的相关情况汇入相关债务情况表中，以全面反映地方政府债务情况。

二、协议借款的核算

地方政府协议借款，是指地方政府以协议的方式向金融机构等举借的债务。由于中国现行法规不允许地方政府直接向金融机构借款，地方政府采用变通的方式——“地方政府融资平台”举借债务，这部分债务被隐藏起来。上一章已阐述了，在明确地方政府举债行为合法性的基础上，根据实质重于形式的原则，让地方政府通过“地方政府融资平台”举借的债务显性化，作为地方政府的直接显性债务。

“地方政府融资平台”作为企业形式，通过协议形式向银行借款，并使用借款，应该都有账务处理，只是不归为地方政府债务而已。这类企业向银行借款时，借记“银行存款”科目，贷记“银行长期借款”科目，当借款资金用于市政建设项目时，借记“在建工程”科目，贷记“银行存款”科目；计算借款利息时，借记“在建工程”科目，贷记“应付利息”科目；支付利息，借记“应付利息”科目，贷记“银行存款”科目；当在建工程完工交付使用时，借记“固定资产”科目，贷记“在建工程”；偿还银行借款时，借“银行长期借款”科目，贷记“银行存款”科目。

地方政府编制合并资产负债表时，将“地方政府融资平台”向银行借款因此而形成的债务以及形成的资产都纳入地方政府层面的合并资产负债表内。

三、法定的应支未支支出的核算

地方政府应承担的法定的应支未支支出责任，根据权责发生制原则，对这些债务进行全面会计核算。这类债务主要包括以下内容：

1. 应付账款的核算。应付账款是指因预算单位通过政府采购等方式购买商品或接受劳务供应而发生的债务。因现行预算会计执行收付实现制，不做账务处理，不能反映政府预算单位所欠供应商品或提供劳务单位的债务情况。因此，应根据权责发生制原则，应设置“应付账款”科目，反映政府所欠提供商品和劳务单位的账款、偿还情况等。应付账款确认的时间，一般以供应商将与物资所有权有关的风险和报酬已转移给购买方、劳务以接受方已经接受为标志。发生应付账款时，借记相关资产类科目（“固定资产/材料”等科目）或相关支出类科目（经费支出/事业支出等），贷记“应付账款”科目；支付账款时，借记“应付账款”科目，贷记“国库存款”科目。“应付账款”科目的贷方余额表示政府所欠供应商品或提供劳务单位的账款。

2. 应付未付工程款项的核算。由施工单位垫付资金的工程项目，应于年末按照完工百分比法确认工程的完工程度，并相应计算应结算工程款，并确认负债。应设置“应付账款”科目，反映政府所欠施工单位工程项目的账款、偿还情况等。施工单位垫付资金的工程项目，年末确认应结算工程款时，借记“在建工程”科目，贷记“应付账款”科目；支付工程款时，借记“应付账款”科目，贷记“国库存款”科目；“应付账款”科目贷方余额表示政府所欠施工单位工程项目的账款。

3. 欠发财政供养人员工资的核算。欠发财政供养人员工资，一般发生在基层政府，即县、乡（镇）层次的基层政府，形成政府的流动负债。应设置“应付工资”科目，反映政府所欠财政供养人员工资及偿还情况等。政府发生财政供养人员应付未付工资时，借记“一般预算支出”科目，贷记“应付工资”科目；支付所欠工资时，借记“应付工资”科目，贷记“国库存款”科目；“应付工资”科目贷方余额表示政府所欠财政供养人员工资数。

4. 未弥补政策性亏损的核算。未弥补政策性亏损，是指一些企业因政策性因素而造成的亏损，应由政府弥补，由于政府财力问题没有及时弥补形成的企业挂账。未弥补政策性亏损，主要是地方政府应承担的粮食收购和流通中的亏损挂账。这部分政策性亏损已经发生，形成了政府应承担的支出责任，应确认为政府负债。应设置“应付弥补政策性亏损”科目，反映政府应弥补政策性亏损、及弥补情况等。企业因政策性因素而发生亏损并被政府认可时，政府借记“一般预算支出——弥补政策性亏损支出”科目，贷记“应付弥补政策性亏损”科目；政府支付弥补政策性亏损款项时，借记“应付弥补政策性亏损”科目，贷记“国库存款”科目；“应付弥补政策性亏损”科目贷方余额表示政府所欠企业的政策性亏损金额。

四、法定的公务员养老金的核算

一般认为，公务员为政府工作时，他应获得的报酬包括当前的工资和未来应获得的养老金等。中国政府的公务员，达到退休年龄后有领取养老金的法定权利，这种法定权利将会构成未来政府的支出项目，地方政府所承担的这部分公务员法定养老金就应当列为直接显性债务。公务员养老金是政府的一项长期负债，这项负债应为未来公务员养老金支付额折现后的现值。这一债务规模的测算需要借助保险精算的一些方法，在考虑一系列目前与未来的经济和人口方面的因素，测算的时间越长，其间的不确定性就越大。由于受到许多因素的影响，估算这一债务规模存在难度，因此，国际上目前将其估算并确认为负债的国家不多。鉴于这一情况，对于中国地方政府所属的公务员养老金，未来较长时期负债规模的确定，等国际上这方面的测算方法成熟或较多国家确认此项负债时，中国再确认这项负债为妥。但至少对于近期（1 年）的公务员养老金，应进行确认；其原因在于，一方面近期的情况测算会相对容易；另一方面，通过确认有利于公务员养老金支付资金的筹划，以及有利于地方政府做好债务风险管理。应设置“应付养老金”科目。当测算确认应付1年内的公务员养老金时，借“一般预算支出——公务员养老金”科目，贷记“应付养老金”科目；如果公务员养老金由政府支付，支付时，借记“应付养老金”科目，贷记“国库存款”科目。

对于未来一段时期的公务员养老金，需要借鉴国外发达国家测算方法，测算中国地方政府公务员养老金的规模，可以暂不确认为地方政府现时的负债，应适当披露，这部分债务对中国地方政府的财政长期稳定、经济可持续发展产生重要影响。会计上要提前披露这些未来债务信息，以便于政府管理者提前安排资金需求、防范与化解地方政府债务风险。

第四节 地方政府直接隐性债务的确认、计量和报告

地方政府直接隐性债务，是指未来的非法定的但出于社会道义、政治压力等地方政府要承担的支出责任。通常情况下，这类支出的发生比较确定，所以属于直接债务，但由于不是法定的，是未来承担的，所以它又是隐性的。中国地方政府直接隐性债务主要包括公共投资项目的未来的资本性和经常性支出，非法定要求地方政

府承担的未来社会保障支出责任等。

一、公共投资项目的未来的资本性和经常性支出

地方政府为了本地经济的发展，会为当地未来的一些公共项目的建设融资，形成未来的资本性支出；公共投资项目建成后，为维持正常运营，还需要进行必要的维护和修理等，相应会发生相关方面的支出，当地政府出于公众期望并对公众尽责的考虑，会承担其支出责任。这部分未来支出是确定的，未来才能发生的，因此不符合负债确认的条件，不确认为地方政府现时的负债。但是，这部分负债是连续性政府必须承担的债务，对我国地方政府的财政长期稳定、经济可持续发展产生重要影响。因此，会计上要提前披露这些未来负债的相关信息，以便于政府管理者提前安排资金需求、防范与化解地方政府债务风险。

二、社会保障债务的确认与计量

地方政府的社会保障债务，是指地方政府承担所管辖地区的社会保障缺口的支付义务。中国目前的社会保障基金主要包括城镇职工基本养老金保险基金、城镇职工医疗保险基金和其他社会保障基金等。目前中国这些基金都不同程度出现支出缺口，可能会因中国人口的老龄化等原因，其支出缺口会越来越大。这部分缺口虽然

法律没有明确规定由政府承担责任，但由于经济、社会和政治的因素，中国政府不得不给予补贴，从而形成支出责任，也就形成政府长期债务。

社会保障债务中尤其重要的是城镇职工基本养老金保险缺口，规模巨大，构成中国地方财政巨大的未来支出责任。对于城镇职工基本养老金保险规模的测算原理与前述公务员养老金的测算原理相同。对于未来一段时期的城镇职工基本养老金保险，需要借鉴国外发达国家测算方法，测算中国地方城镇职工基本养老金保险的规模，进而测算其支出缺口规模以及地方政府应承担的债务规模，可以暂不确认为地方政府现时的负债，应适当披露，这部分债务对中国地方政府的财政长期稳定、经济可持续发展产生重要影响。会计上要提前披露这些未来债务信息，以便于政府管理者提前安排资金需求、防范与化解地方政府债务风险。

由于中国目前对于长期的社会保障缺口难以较准确地计量，但至少要测算当年应承担的社会保障基金支出，并确认。这有利于地方政府做好当年社会保障基金的资金安排。应设置“应付社保基金补助款”科目。地方财政测算当年应承担的社保基金补助款项时，借“一般预算支出——社保基金补助”科目，贷记“应付社保基金补助款”科目；财政部门实际拨付基金补助款项时，借记“应付社保基金补助款”科目，贷记“国库存款”科目。

第五节 地方政府或有债务的确认、计量和报告

地方政府或有债务包括或有显性债务和或有隐性债务。地方政府或有显性债务，是指在某一特定事件发生的情况下，地方政府需要承担的法定责任。地方政府或有隐性债务，是指某些事项如果发生，很可能引发社会问题，而导致地方政府介入而承担责任；而事项的产生存在不确定性，政府因此而承担的支出责任也难以预计。

一、地方政府或有显性债务的确认、计量和报告

（一）地方政府或有显性债务的内容

中国地方政府或有显性债务主要是指地方政府提供的担保和承诺的项目。地方政府提供的各种贷款担保，包括国外贷款担保、国内贷款担保。政府承诺接受未来事件而定的或有责任等同于隐性补助。现行预算会计不确认不披露地方政府的担保信息。各级地方政府对外提供担保违反了现行的《担保法》，而实际生活中地方政府存在着大量的这种“不合法”的担保，而这种或有显性债务可能会给地方财政带来债务风险。因此，需要

加强地方政府或有显性债务管理，尤其是地方政府提供的贷款担保的管理。在前一章已阐述了修改相关法律，在承认地方政府提供担保合法的前提下，加强政府会计在这方面的作用。中国政府会计对于或有显性债务的会计管理，可以借鉴中国企业会计这方面较为成熟的经验。

（二）中国企业会计中或有债务的确认、计量和报告

企业在生产经营活动中有时会面临诉讼、仲裁、债务担保、产品质量保证、重组等具有较大不确定性的经济事项。这些不确定事项对企业的财务状况和经营成果可能会产生较大的影响。因此，《企业会计准则第13号——或有事项》（以下简称或有事项准则），规范了或有事项的确认、计量和相关信息的披露，及时反映或有事项对企业潜在的财务影响，以及企业可能因此承担的风险。

1. 或有事项的定义。根据或有事项准则的规定，或有事项，是指过去的交易或者事项形成的，其结果须由某些未来事项的发生或不发生才能决定的不确定事项。常见的或有事项主要包括：未决诉讼或未决仲裁、债务担保、产品质量保证（含产品安全保证）、亏损合同、重组义务、环境污染整治、承诺等。

或有事项的结果可能会产生预计负债、或有负债。其中，预计负债属于负债的范畴，一般符合负债的确认

条件而应予确认。随着某些未来事项的发生或者不发生，或有负债可能转化为企业的预计负债，或者消失。

2. 或有负债的定义。企业的或有负债，是指过去的交易或者事项形成的潜在义务，其存在须通过未来不确定事项的发生或不发生予以证实；或过去的交易或者事项形成的现时义务，履行该义务不是很可能导致经济利益流出企业或该义务的金额不能可靠计量。

或有负债不符合负债的定义和确认条件，企业不应当确认或有负债，而应当按照或有事项准则的规定进行相应的披露。或有事项的确认和计量通常是指预计负债的确认和计量。

3. 预计负债的确认条件。与或有事项相关的义务同时满足下列条件的，应当确认为预计负债：该义务是企业承担的现时义务；履行该义务很可能导致经济利益流出企业；该义务的金额能够可靠地计量。

4. 预计负债的计量。预计负债的计量主要涉及两个问题：一是最佳估计数的确定；二是预期可获得补偿的处理。

（1）最佳估计数的确定。预计负债应当按照履行相关现时义务所需支出的最佳估计数进行初始计量。最佳估计数的确定应当分别以下两种情况处理：

①所需支出存在一个连续范围，且该范围内各种结果发生的可能性相同，则最佳估计数应当按照该范围内的中间值，即上下限金额的平均数确定。

②在其他情况下；最佳估计数按照如下方法确定：

或有事项涉及单个项目的，按照最可能发生金额确定；或有事项涉及多个项目的，按照各种可能结果及相关概率计算确定。

（2）预期可获得的补偿。企业清偿预计负债所需支出全部或部分预期由第三方补偿的，补偿金额只有在基本确定能够收到时才能作为资产单独确认。确认的补偿金额不应当超过预计负债的账面价值。

5. 预计负债计量需要考虑的因素。企业在确定最佳估计数时，应当综合考虑与或有事项有关的风险、不确定性和货币时间价值等因素。

考虑风险和不确定性，要求企业需要谨慎从事，充分考虑与或有事项有关的风险和不确定性，既不能忽略风险和不确定性对或有事项计量的影响，也要避免对风险和不确定性进行重复调整，从而在低估和高估预计负债金额之间寻找平衡点。

考虑货币时间价值，预计负债的金额通常应当等于未来应支付的金额，但未来应支付金额与其现值相差较大的，应当按照未来应支付金额的现值确定。

考虑未来事项，是指在确定预计负债金额时，企业应当考虑可能影响履行现时义务所需金额的相关未来事项。

6. 披露要求。企业应当在附注中披露与或有事项有关的预计负债和或有负债信息。

（1）预计负债要求披露如下信息：预计负债的种类、形成原因以及经济利益流出不确定性说明；各类预计负债的期初、期末余额和本期变动情况；与预计负债有关的预期补偿金额和本期已确认的预期补偿金额。

（2）或有负债要求披露如下信息：或有负债的种类及其形成原因，包括已贴现商业承兑汇票、未决诉讼、未决仲裁、对外提供担保等形成的或有负债；经济利益流出不确定性说明；或有负债预计产生的财务影响，以及获得补偿的可能性；无法预计的，应当说明原因。

（三）中国企业会计中或有债务的确认、计量和报告的经验借鉴与启示

企业提供的债务担保与地方政府提供的债务担保，除提供担保的主体不同，一个是企业，一个是地方政府，其实质内容是一样的，因此而可能形成的或有负债具有相同的内容。这为政府会计借鉴企业会计这方面的经验提供了基础。

1. 持续地关注被地方政府提供担保企业的财务状况，适时确认并计量预计负债。地方政府提供的贷款担保，可借鉴企业会计的经验，适时确认并计量预计负债。地方政府应当持续地对被担保企业的财务情况予以关注，贷款担保而形成或有负债不符合负债的定义和确认条件，政府会计不确认或有负债，可按照企业会计的或有事项准则的规定进行相应的披露。如果随着时间推移和事态的进展，当地方政府的潜在义务可能转化为现时义务，并满足企业会计准则所规定的预计负债的确认

条件时：该义务是地方政府承担的现时义务；履行该义务很可能导致经济利益流出地方政府；该义务的金额能够可靠地计量。这时，政府会计也应确认这项预计负债，并按照企业会计准则规范的计量方法进行计量。

例如，2009 年 4 月，A 公司从银行贷款 1 000 万元，期限 1 年，由 M 政府担保 50%；2009 年 5 月，B 公司通过银行从 G 公司贷款 2 000 万元，期限 2 年，由 M 政府全额担保。

2009 年 12 月 31 日，A 公司由于受政策影响和内部管理不善等原因，经营效益不如以往，可能不能偿还到期债务；B 公司经营情况良好，预期不存在还款困难。

本例中，对 A 公司而言，M 政府可能需履行连带责任；M 政府很可能需履行连带责任；就 B 公司而言，M 政府履行连带责任的可能性极小。根据企业或有事项准则的规定，这两项债务担保形成 M 政府的或有负债，不符合预计负债的确认条件，M 政府应当在 2009 年 12 月 31 日的财务报表附注中披露相关债务担保的被担保单位、担保金额及财务影响等。

例如，2009 年 10 月 3 日，M 政府因与 C 公司签订了担保协议，成为相关诉讼的第二被告。截至 2009 年 12 月 31 日，诉讼尚未判决。但由于 C 公司经营困难，M 政府很可能要承担还款连带责任。据预计，M 政府承担还款金额 1 000 万元责任的可能性为 60%，而承担还款金额 800 万元责任的可能性为 30%。

本例中，M 政府因连带责任而承担了现时义务，该义务的履行很可能导致经济利益流出 M 政府，且该义务的金额能够可靠地计量。根据企业或有事项准则的规定，M 政府应在 2009 年 12 月 31 日确认一项预计负债 1 000万元（最可能发生金额），并在附注中作相关披露。

为了反映地方政府预计负债的情况，应设置“预计负债”科目进行核算。当地方政府确认提供的担保事项为预计负债时，借记“一般预算支出——贷款担保赔款支出”科目，贷记“预计负债”科目；实际发生代为被担保企业偿还贷款时，借记“预计负债”科目，贷记“国库存款“科目。上例有关账务处理如下：

借：一般预算支出——贷款担保赔款支出

10 000 000

贷：预计负债——未决诉讼　10 000 000

这样可及时反映地方政府预计负债的情况，对于地方政府提供担保事项而言，可及时了解地方政府将要承担的替被担保企业偿还的债务责任，以便于地方政府提前安排资金，防范化解未来债务风险。

2. 及时披露预计负债与或有负债的相关信息。政府会计应当在报表附注中披露与或有事项有关的预计负债与或有负债信息。

（1）预计负债要求披露如下信息：主要披露地方政府提供贷款担保而形成的预计负债的情况，主要包括预计负债的构成（按形成预计负债的担保企业列示），形成原因以及经济利益流出不确定性说明；预计负债的期初、期末余额和本期变动情况。

（2）或有负债要求披露如下信息：主要披露地方政府提供贷款担保而形成的或有负债的情况，主要包括或有负债的具体构成及其形成原因，经济利益流出不确定性说明；或有负债预计产生的财务影响；无法预计的，应当说明原因。

上述或有事项信息的披露，可使地方政府债务的管理者及时了解影响地方政府未来债务风险的因素，以利于采取措施防范地方政府债务风险。

二、地方政府或有隐性负债的披露

中国地方政府或有隐性负债主要包括：地方金融机构出现危机而地方政府被迫提供援助；国有企业或大型私有企业的未保险损失、未担保债务和责任的违约，地方政府对其进行补偿；自然灾害的救助、为保护环境而发生的支出等。这类债务，地方政府没有提供担保，也没有承诺，这些项目如果发生危机，很可能引发社会安定等问题，政府被迫介入而承担责任。这类事件一旦发生会给地方财政带来巨大风险，因此，我们不能忽视它。由于这类债务产生的事件是不确定的，政府承担的支出责任也难以预计，不能确认为地方政府负债，也不能反映在地方政府会计报表中。中国现行政府会计对此不披露。为了引起管理层对此问题的重视，便于防范风险，要采取适当方式进行披露。比如，中国目前有些地区环境被严重破坏，政府对环境保护方面的开支将越来越大，这将形成政府在环境保护方面的债务。国际公共部门会计准则将环境债务明确为政府债务的内容，并要求在报表附注中披露负债的存在情况及描述潜在负债程度。我们可借鉴国际公共部门会计准则中关于环境债务的内容，明确环境债务为中国地方政府债务的内容，由于这一债务难以计量，可在报表附注中披露环境负债的存在情况以及潜在负债的程度，让管理者对环境保护能重视起来，这便于地方政府管理部门重视环境保护，并提前筹划这方面的资金，以满足保护环境的资金需求。再比如，地方金融机构如果出现危机而地方政府被迫提供援助，可能形成地方政府未来的债务，如果将地方政府会因地方金融机构出现危机提供援助这一信息公开披露，可能会使这些金融机构出现道德风险。为了降低金融机构的道德风险，可采取在政府层面内部报告的方式，以便于政府管理者及时采取措施防范、化解这一债务风险的出现。

第六节 建立地方政府债务报告制度

地方政府债务报告是全面系统地反映地方政府某一特定日期的债务情况和某一会计期间的债务变化情况的文件。它是政府会计核算地方政府债务工作的结果，是政府为报告使用者提供地方政府债务信息的主要手段。在日常会计核算中，地方政府一定时期内发生的全部事项，都已经按照规定的会计处理程序与方法，全面、系统、完整地反映在有关账簿中，但账簿资料仍然是分散的，不能集中概括地反映出地方政府在一定时期内的债务情况的全貌，不便于有关各方了解、评价地方政府的债务状况，不便于管理者对地方政府债务进行管理。因此，地方政府有关部门必须定期编制地方政府债务报告。

一、地方政府债务报告的构成与合并报表的合并范围

（一）地方政府债务报告的构成

由于中国现行政府会计没有较为完整的关于政府财务会计报告的内容，地方政府债务报告的构成，可借鉴中国企业会计准则关于企业财务会计报告的内容。2006 年 2 月 15 日中国财政部发布的《企业会计准则——基本准则》第四十四条规定：“财务会计报告包括会计报表及其附注和其他应当在财务会计报告中披露的相关信息和资料。”第四十八条规定：“附注是指对在会计报表中列示项目所作的进一步说明，以及对未能在这些报表中列示项目的说明等。”因此，中国地方政府债务报告的构成也应包括：会计报表、会计报表附注和其他有关附表。

（二）合并报表的合并范围

中国现行政府会计制度要求各级总预算会计定期编

制和汇总总预算会计报表，不编制政府合并会计报表，未能总括地反映政府的总体财务状况，包括债务状况。只有通过编制政府合并财务报表才能反映政府总体财务状况。合并报表的编制首先要明确的问题是哪些会计主体应该纳入政府合并报表的范围。中国政府合并报表的合并范围的确定可借鉴我国企业会计准则和国际公共部门会计准则的规范。中国《企业会计准则第33号——合并财务报表》第六条规定："合并财务报表的合并范围应当以控制为基础予以确定。控制，是指一企业能够决定另一个企业的财务和经营政策，并能据以从另一个企业的经营活动中获得利益的权力。"《国际公共部门会计准则第6号——合并财务报表和受控主体的财务报表》第二十一条规定："一个公布合并财务报表的控制主体，应合并其所有的受控主体的财务报表。"因此，中国政府合并财务报表的合并范围也应该以"控制"为基础予以确定，政府的控制标准与条件可以从权力与利益的条件来规定。权力条件可规定如下："（1）对主体关键员工的人事任免权；（2）对主体收支预算或资产负债财务活动的审批权；（3）对主体净资产的大多数所有权；（4）对主体产品或服务的定价权。"[①] 利益条件规定如下："（1）从主体获取剩余经济利益；（2）从主体获取服务潜能；（3）承担主体剩余负债的

① 广东省预算会计研究会："编制政府会计年度'合并资产负债表'的研究"，《预算管理与合计》2009年第2期。

风险；（4）向主体提供预算经费。”[1] 当会计主体同时具备上述条件时，就应当纳入财务报表的合并范围。

按照上述“控制”的规定，基于中国目前预算会计的实际情况，纳入政府财务报表合并的会计主体应该包括：财政总预算会计主体、预算外资金财政专户会计主体、社会保险基金会计主体、行政单位和国有事业单位会计主体、国有企业会计主体、地方融资平台会计主体等等。从理论上说，政府的合并财务报表要全面、完整地反映政府的财务状况等，需要将上述会计主体全部包括进来，但是，难度相当大，可以作为中国政府会计追求的理想目标。地方政府所属企业的负债问题由国有资产管理部门汇总反映，可以合并进来，但不是本书的重点。目前要解决的首要问题是了解地方政府的主要债务规模，主要通过编制合并资产负债表来了解，合并资产负债表的合并范围主要包括财政总预算会计主体、行政单位和国有事业单位会计主体和地方融资平台会计主体。因此，在此主要设计地方政府债务报告。

地方政府债务报告，主要包括：各级政府编制的合并资产负债表、会计报表附注、地方政府主要债务情况表。

地方政府债务报告是政府财务报告的构成内容，中国正在研究建立政府财务报告体系，等政府财务报告体系建立后，地方政府债务报告内容再融入其中。

---

① 广东省预算会计研究会：“编制政府会计年度‘合并资产负债表’的研究,”《预算管理与会计》2009 年第 2 期。

二、地方政府债务报告的具体构想

（一）合并资产负债表

各级地方政府至少要编制年度合并资产负债表，按照“资产 = 负债 + 净资产”会计等式编制，同时按合并对象分类列示。这里阐述其中的负债项目的列示等问题。合并资产负债表的格式如表 7 – 1 所示。

在编制合并资产负债表时，本级政府内部各会计主体之间的往来和债权债务事项，要进行会计调整，要相互抵消。上级政府编制合并会计报表时，上下级政府之间的往来和债权债务事项，也要进行会计调整，要相互抵消。

7 – 1 表中，应付债券是指地方融资平台发行的债券；应付转贷债券是指地方政府接受的财政部发行国债转贷给地方政府的那部分债券；应付代理债券是指由财政部代理发行地方政府债券。应付养老金是指 1 年内要支付的地方公务员的养老金；应付社保基金补助款是指 1 年内要支付社保基金补助款。

7 – 1 表中，负债项目按负债偿还期限分项列示，分为流动负债和长期负债；同时，负债项目分别按财政总预算会计、行政单位会计、事业单位会计和各地方融资平台会计列示，以反映各会计主体的各项目的负债情况，以及各级政府层面的总体负债以及构成情况。

表 7－1　　×××政府合并资产负债表(年报)

年　月　日　　　　　　　　　　单位:元

项目	财政总预算会计		行政单位会计		事业单位会计		地方融资平台会计		合计	
	年初数	年末数	年初数	年末数	年初数	年末数	年初数	年末数	年初数	年末数
资产										
流动资产										
……										
资产合计										
负债										
流动负债										
短期借款										
应付账款										
应付工资										
应付利息										
应付弥补政策性亏损										
应付养老金										
应付社保基金补助款										

续表

项目	财政总预算会计		行政单位会计		事业单位会计		地方融资平台会计		合计	
	年初数	年末数	年初数	年末数	年初数	年末数	年初数	年末数	年初数	年末数
预计负债										
其他流动负债										
流动负债合计										
长期负债										
应付债券										
应付转贷债券										
应付代理债券										
长期借款										
其他非流动负债										
长期负债合计										
负债合计										
净资产										
……										
净资产合计										
负债和净资产合计										

表 7－2　　×××政府主要债务情况表（年度表）

年　月　日　　　　　　　　　　　　　　　　　　单位：元

项　目	年初债务余额	本年取得的债务收入	本年债务使用额	本年偿还的本金	本年偿还的利息	年末债务余额
财政部转贷债券						
财政部代理发行债券						
地方政府融资平台融资： 发行债券 银行借款						
准政府债券						
合计						

注：本年债务使用额中不包括本年偿还的部分。

（二）会计报表附注

上述合并资产负债表中的负债项目还需要进一步作些说明，以及有些债务项目未能在上述报表中列示项目也要作些说明，这些说明性文件称为会计报表附注。这些附注以便于报告使用者更清晰地了解地方政府的债务情况。

有关地方政府债务的会计报表附注主要应包括如下内容：

1. 直接显性债务信息说明。地方政府直接显性债务情况说明内容较多，比如，地方融资平台融资的项目、融资金额、期限等内容；公务员未来较长时期养老金的估计规模等。

2. 直接隐性债务说明。可说明的内容，比如，公共投资项目的未来的资本性和经常性支出预计的规模；管辖地区的未来较长时期社会保障缺口估计规模等。

3. 或有显性债务信息。披露预计负债的相关信息与或有负债相关信息，参见前一节的内容。

4. 披露或有隐性负债相关信息。或有隐性负债相关信息的披露，可参见前一节的内容。

（三）地方政府主要债务情况表

为了更好满足对地方政府债务管理信息的需要，各级政府还需要编制地方政府债务情况表，其格式如表7－2所示。

表 7－2 中的准政府债券，是指地方政府利用与其关系密切的企业发行企业债券，用于政府的公共基础设施建设，不包括地方政府融资平台企业。由于通过这种方式进行的融资，其资金可能与该企业的其他资金融合在一起，如果将其合并到政府的合并财务报表中相对而言要复杂，而且准政府债券这种情况相对较少，为了简化工作，将其放在“×政府主要债务情况表”进行汇总。

通过表 7－2 中的汇总债务数据，管理部门可以较及时了解当前中国地方政府主要的举借债务情况，即具体构成、总体规模以及变化情况，可以针对这些重点债务进行重点管理。

小结：管理者通过各级政府编制的合并资产负债表、报表附注以及政府主要债务情况表，可以了解地方政府债务的具体构成、总体规模和变化情况，以此为基础，可以运用前文所阐述的风险评价指标等来评价地方政府的债务规模是否过大、风险程度有多大，从而有针对性地采取防范和化解地方政府债务风险对策。

参考文献

1. 《马克思恩格斯选集》第2卷，人民出版社1972年版，第83页。

2. 亚当·斯密：《国民财富的性质和原因的研究》下卷，商务印书馆1983年版。

3. 大卫·李嘉图：《政治经济学及赋税原理》，商务印书馆1976年版。

4. 凯恩斯：《就业、利息和货币通论》，商务印书馆1981年版。

5. 布坎南：《公共财政》，中国财政经济出版社1991年版。

6. 大卫·N. 海曼（David N. Hyman）著，章彤译/校：《公共财政：现代理论在政策中的应用（第6版）》，中国财政经济出版社2001年版。

7. 黄佩华（Christine P. W. Wong）、迪帕克（Deepak Bhattasli）等著，吴素萍、王桂娟等译：《中国：国家发展与地方财政》，中信出版社2003年版。

8. Hana Polackova Brixi 、马骏主编，梅鸿译/校：

《财政风险管理：新理念与国际经验》，中国财政经济出版社2003年版。

9. 财政部预算司、香港理工大学课题组：《国际公立单位会计准则》，中国财政经济出版社2002年版。

10. 财政部会计司：《政府会计研究报告》，东北财经大学出版社2005年版。

11. 财政部会计准则委员会编：《政府绩效评价与政府会计》，大连出版社2005年版。

12. 国际货币基金组织编著、财政部财政科学研究所整理：《财政透明度》，人民出版社2001版。

13. 美国政府会计委员会/编，香港理工大学中国会计与金额研究中心/组织翻译，马如雪、刘颖、陈胜群/译：《美国州和地方政府会计与财务报告准则汇编》，人民出版社2004年版。

14. [美] 陈立齐著，陈穗红、石英华译：《美国政府会计准则研究》，中国财政经济出版社2009年版。

15. 何振一：《理论财政学》，中国财政经济出版社2005年版。

16. 姜维壮：《中国当代财政学》，中国财政经济出版社1999年版。

17. 赵志耘：《公债经济效应论》，中国财政经济出版社1997年版。

18. 王美涵主编：《中国财政风险实证研究》，中国财政经济出版社1999年版。

19. 刘尚希：《财政风险及其防范问题研究》，经济科学出版社2004年版。

20. 贾康：《地方财政问题研究》，中国财政经济出版社2004年版。

21. 张馨：《公共经济研究》，中国财政经济出版社2003年版。

22. 张馨：《财政公共化改革：理论创新·制度改革·理念更新》，中国财政经济出版社2004年版。

23. 沈玉平：《公共选择理论与地方公共财政制度创新》，中国财政经济出版社2004年版。

24. 刘星、刘谊：《中国地方财政风险及其控制与防范》，中国财政经济出版社2006年版。

25. 时红秀：《财政分权、政府竞争与中国地方政府的债务》，中国财政经济出版社2007年版。

26. 浙江省财政税务科学研究所等编：《地方政府债务研究》，经济科学出版社2004年版。

27. 沈立人：《地方政府的经济职能与经济行为》，上海远东出版社1999年版。

28. 项怀诚、楼继伟：《中国政府会计改革五年1998～2003》，中国财政经济出版社2003年版。

29. 楼继伟：《政府预算与会计的未来——权责发生制改革纵览与探索》，中国财政经济出版社2002年。

30. 王雍君：《政府预算会计问题研究》，经济科学出版社2004年版。

31. 赵建勇：《政府财务报告问题研究》，中国财政经济出版社2002年版。

32. 石英华:《政府财务信息披露研究》，中国财政经济出版社2006年版。

33. 邢俊英:《基于政府负债风险控制的中国政府会计改革研究》，中国财政经济出版社2007年版。

34. 王瑶:《公共债务会计问题研究》，经济管理出版社2009年版。

35. 中华人民共和国财政部制定:《企业会计准则》(2006)，经济科学出版社2006年版。

36. 财政部会计司编写组:《企业会计准则讲解》(2008)，人民出版社2008年版。

37. 张馨:《透视中国公共债务问题：现状判断与风险化解》，中国财政经济出版社2004年版。

38. 邓子基等:《公债经济学》，中国财政经济出版社1990年版。

39. 类承曜:《国债的理论分析》，中国人民大学出版社2002年版。

40. 冯健身:《公共债务》，中国财政经济出版社2000年版。

41. 梁尚敏、郭代模主编:《发展财政学》，中国财政经济出版社2001年版。

42. 林双林、刘怡、钱立、蒋云赟、主编:《中国地方政府财政改革：新视野新思维》，中国财政经济出版社2009年版，

43 . 武彦民:《财政风险：评估与化解》，中国财政经济出版社2004年版。

44. 张志超：《财政风险》，中国财政经济出版社2004年版。

45. 李萍主编，许宏才、李承副主编：《地主政府债务管理：国际比较与借鉴》，中国财政经济出版社2009年版。

46. 王金龙：《财政风险与金融风险》，中国财政经济出版社2004年版。

47. 吕伟：《政府或有负债风险管理研究——理论框架与实践探索》，中国财政经济出版社2008年版。

48. 中南财经政法大学、湖北财政与发展研究中心、中国地方财政研究中心：《中国地方财政发展报告——湖北省县乡政府债务问题研究》，经济科学出版社2009年版。

49. 傅志华：《国家财政安全论》，人民出版社2002年版。

50. 杨纪琬、娄尔行主编：《经济大辞典．会计卷》，上海辞书出版社1991年版。

51. 葛家澍：《会计的基本概念》，经济科学出版社1986年版。

52. 赵建勇：《政府与非利组织会计》，复旦大学出版社2008年版。

53. 周三多、陈传明：《管理学》，高等教育出版社2000年版。

54. 中华人民共和国财政部预算司编：《财政部代理发行2009年地方政府债券问题解答》，中国财政经济出版社2009年版。

55. 谢旭人主编:《中国财政改革三十年》,中国财政经济出版社2008年版。

56. 财政部国库司编:《国库集中收付与预算会计制度汇编》,中国财政经济出版社2009年版。

57.《资本论》第1卷,人民出版社1975年版。

58. B. J. 理德、约翰·W. 斯韦恩著,朱萍、蒋洪译:《公共财政管理》(第2版),中国财政经济出版社2001年版。

59. Richard Allen 、Daniel Tommasi 著,章彤译/校 :《公共开支管理》,中国财政经济出版社2009年版。

60. 财政部会计司:《欧洲政府会计与预算改革》,东北财经大学出版社2004年版。

61. 中国财政学会编:《新世纪 新探讨——第十五次全国财政理论讨论会文选》,中国财政经济出版社2002年版。

62. 刘尚希、于国安主编:《地方政府或有负债:隐匿的财政风险》,中国财政经济出版社2002年版。

63. 陈敏:《财务报表革命》,中国财政经济出版社2009年版。

64. 张永生:"政府间事权与财权如何划分?",《经济社会体制比较》2008年第2期

65. 冯淑萍:"中国对于国际会计协调的基本态度与所面临的问题",《会计研究》2004年第1期。

66. 刘玉廷："中国政府会计改革的若干问题"，《预算管理与会计》2004 年第 10 期。

67. 陆建桥："关于加强我国政府会计理论研究的几个问题"，《会计研究》2004 年第 7 期。

68. 陈穗红、金介辉、石英华：《论我国政府会计权责发生制应用问题》，《财政研究》2004 年第 11 期。

69. 李建发："论改进我国政府会计与财务报告"，《会计研究》2001 年第 6 期。

70. 李建发、肖华：《公共财务管理与政府财务报告改革》，《会计研究》2004 年第 9 期。

71. 娄洪："研究推进我国政府会计改革的思考"，《预算管理与会计》2008 年第 9 期。

72. 徐镇绥："试论政府会计改革中会计基础选择问题"，《会计研究》2006 年第 12 期。

73. 徐志、杨柳："我国政府会计核算基础问题研究"，《预算管理与会计》2007 年第 2 期。

74. 呼显岗："地方政府债务风险的特点、成因和对策》，《财政研究》2004 年第 5 期。

75. 李建发、路军伟："我国政府财务报告改革若干问题"，《预算管理与会计》2006 年第 9 期

76. 贾康、孟艳："运用长期建设国债资金规范和创新地方融资平台的可行思路探讨"《理论前沿》2009 年第 8 期。

77. 财政部预算司："国外地方政府债务规模控制与风险预警"，《经济研究参考》2008 年第 62 期。

78. 财政部预算司课题组："世界银行专家谈地方政府债务管理理论及国际经验"，《经济研究参考》2009年第43期。

79. 广东省预算会计研究会："编制政府会计年度'合并资产负债表'的研究"，《预算管理与会计》2009年第2期。

80. 张国兴："关于构建我国政府会计体系问题的研究"，《会计研究》2008年第3期。

81. 张琦、程晓佳："政府财务会计与预算会计的适度分离与协调；一种适合我国的改革路径"，《会计研究》2008年第11期。

82. 张琦、张娟："政府会计改革：问题、对策与建议——政府会计改革研讨会综述"，《会计研究》2009年第10期。

83. 王庆东、常丽："政府财务报告改革导向及其实现机制探索"，《会计研究》2007年第3期。

84. 张娟："政府会计与企业会计：概念框架差异与启示——基于IPSASB与IASB最新研究成果的分析"，《会计研究》2010年第3期。

85. 张海星："地方债放行：制度配套与有效管理"，《财贸经济》2009年第9期。

86. 金大卫："我国地方政府发债：制度根源、风险控制、法律规范"，《财政研究》2010年第1期。

87. 邓晓兰、谢平、武永义："地方公债制度约束机制的博弈分析"，《财政研究》2010年第1期。

88. 梅建明、钟启高："关于当前地方政府建设融资的几个问题"，《财政研究》2010年第2期。

89. 郭世坤、刘都生："迪拜债务违约危机影响及启示"，《投资研究》2010年第1期。

90. 李丽辉："财经新指标三问"，《人民日报》2010年3月22日。

91. 温家宝："政府工作报告——2010年3月5日在第十一届全国人民代表大会第三次会议上"，《人民日报》2010年3月16日。

92. 吴邦国："全国人民代表大会常务委员会工作报告——2010年3月9日在第十一届全国人民代表大会第三次会议上"，《人民日报》2010年3月18日。

93. "希腊债务危机遭遇市场'非理性'反应"，《人民日报》2010年5月7日。

94. 吴红缨："全国城投负债已达六万亿 偿债来源多多数依赖土地"，《21世纪经济报道》2010年3月20日。

95. Hana Polackova Brixi (1998), "Contingent Government Liabilities : a Hidden Risk for Fiscal Stability," World Bank .

96. Hana Polackova Brixi , Allen Schick (1998), " Government at Risk ", World Bank.

97. Irwin , Timothy, and others , eds (1997), "Dealing with Public Risk in Private Infrastructure . World Bank Latin American and Caribbean Studies" , World Bank.

98. Cassard, Marcel and David Folkerts _ Landau (1997), "Risk Management and Sovereign Assets and Liabilities", IMF Working paper. World Bank. Processed.

99. Honohan, Patrick and Daniel Klingebiel (2000), "Controlling Fiscal Cost of Banking Crises." World Bank. Processed.

100. Heller, Peter (1997), "Aging in Asian "Tigers": Challenges for Fiscal Policy.", IMF.

101. Kharas, Homi and Deepak Mishra (2000), "Hidden Deficits and Currency Crises". World Bank. Processed.

102. Chan, J. L, "Government Accounting: An Assessment of Theory, Purpose and Standards," Public Money and Management (January 2003), pp. 13 – 20.

103. IFAC (2003), Cash Basis IPSAS; Financial Reporting Under the Cash Basis of Accounting. New York.

104. IFAC (2002), Transition to the Accrual Basis of Accounting: Guidance for Governments and Government Entities. Public Sector Study 14. . New York: Public Committee.

105. Fiscal Year 2009 Financial Report of the United State Government, http://www.gao.gov.

后　　记

本书是在我的博士论文《中国政府会计问题研究——基于地方政府债务管理视角》基础上修改而成的。在本书出版之际，首先向我的导师冯淑萍教授表示衷心的感谢！冯老师是能够准确把握我国会计理论与实践问题的脉络的人，是冯老师指导我选择了这个非常具有现实意义的课题作为我的论文选题。导师高屋建瓴地指出，目前地方政府债务管理问题是我国经济生活中急需解决的问题之一，提议我就此问题切入进行相关会计问题的研究，希望我通过认真研究为国家做点有意义的事情。在本书的写作过程中，尽管导师工作极其繁忙，老师还是在百忙之中给予了我悉心指导和帮助，还鼓励我参加相关社会调研活动和相关学术会议。三年以来，导师的学术造诣和会计实践经验无疑令我受益匪浅，更令我终生受益的是导师忘我、勤奋的工作热忱与对会计事业的高度责任心。高山仰止，景行行止。

在本书的写作过程中，陈穗红研究员提出了建设性的意见和建议，并提供了有价值的图书资料，在此深表谢意。在此当然要对本书中提到的各位专家学者以及参考文献中的各位作者表示感激，本书能得以完成，正是由于国内外专家学者在相关问题的研究上已付出了辛勤的劳动，而笔者只不过是在这些研究成果的基础上向上登了一步而已。

感谢王世定教授、孟焰教授、李爽教授、耿建新教授、李明教授、杨小舟教授、孙刚教授、徐玉德教授等曾给予的指导和帮助。

感谢财政部财政科学研究所培养了我。

感谢我的家人给予我的支持和关心。

如何适应地方政府债务管理需要进行政府会计改革是个复杂的问题，本书反映了作者对这个问题研究的初步成果，希望能对相关问题的研究提供一定的参考，同时希望求教于同行专家们。马克思在《资本论》第一版序言中说："万事开头难，每门科学都是如此。"通过本书写作，我对这句话有了深切的体会。关于中国政府会计问题的研究，对我来说，只是开了个头，由于本人知识和水平所限，书中肯定存在种种不足，敬请各位专家学者指正。